FRANZ XAVER RIEDL/ALFONS SCHWEIGGERT

DIE KLEINE WEIHNACHTSSPIELBÜHNE

Kurze Advents- und Weihnachtsstücke
schnell vorzubereiten - leicht aufzuführen

Illustration und Gestaltung:
Franz Xaver Riedl • Alfons Schweiggert

Titelbild: Alfons Schweiggert

umweltfreundlich
auf chlorfreiem Papier

ISBN 3-89291-**182**-2

Inhaltsübersicht:

Theater spielen macht Spaß 3./4.

Nr. 888 *104* **Seiten DM 28,80**

Inhaltsübersicht:

Kerzenlichtstunde

Nr. 146 *48* **Seiten DM 9,80**

Inhaltsübersicht:

Weihnachtszeit in aller Welt

Nr. 780 *122* **Seiten DM 26,80**

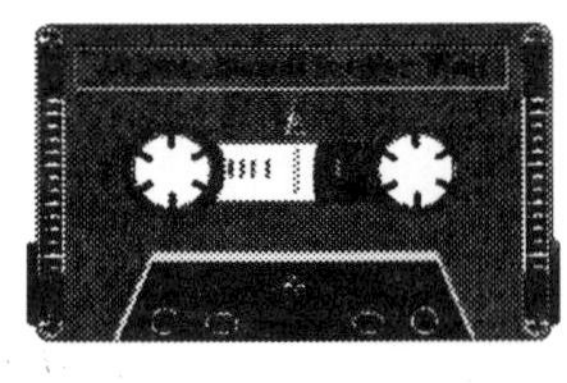

Weihnachtszeit in aller Welt

Nr. 781 Cassette **DM 19,80**

Inhaltsübersicht:

Weihnachtslieder aus Europa

Nr. 783 *32* **Seiten DM 9,80**

Weihnachtslieder aus Europa

Nr. 782 Cassette **DM 19,80**

VORWORT

Weihnachtszeit! Zeit der Betriebsamkeit, Hektik und Hast! Zeit der Vorbereitung und Besinnung!
Aus der vorweihnachtlichen Betriebsamkeit hinüberzuführen über eine nachdenkliche Einstimmung in die erfüllte Stille des heiligen Abends, ist ein Kunststück, das jeder Klassen- und Spielleiter "alle Jahre wieder" mit einer Weihnachtsfeier versucht, um dann doch nach einer vergeblichen Suche nach passenden Theaterstücken resignierend zu den alten, formelhaften und manchmal oberflächlichen Weihnachtsspielen zu greifen.

Die Kleine Weihnachtsbühne möchte diesem Übel abhelfen. In der Hauptsache werden dem Spiel- oder Klassenleiter kurze Spielstücke teils heiteren teils ernsten Inhalts vorgeschlagen, die **schnell und ohne großen Aufwand mit wenigen oder auch mit mehreren Rollen für eine ganze Klasse** vorbereitet werden können.

Der Bogen der Spielstücke reicht von St. Barbara, der Adventsbotin bis zu den Sternsingern. Welche Stücke davon in die adventliche oder weihnachtliche Feierstunde eingebaut werden, möge der Spielleiter selbst entscheiden. Kinder gestalten gerne; sie wollen die heilige Barbara, den Nikolaus, den Weihnachtsmann, den heiligen Franziskus oder den Wolf an der Krippe genauso ernst spielen wie auch einmal in dem turbulenten Stück "Das Weihnachtszimmer" herzhaft lachen. Gerade durch die vielfältig angesprochenen unüblichen und doch tiefer gehenden Themen will die "Kleine Weihnachtsbühne" ein wenig abrücken von den klischeehaften, sentimentalen Engel- und Krippenstücken, die am eigentlichen Sinn des schönsten Festes oft vorbeigehen. Mit einfachen Mitteln und mit wenigen Worten kann das Franziskusspiel z.B. zu einer weihnachtlichen, erfüllten abendlichen, stillen Feierstunde gelingen, in der das Wunder im Stall als Frohbotschaft von den Spielern wie von Mitfeiernden ganz tief erfaßt wird.

Wenn die vorliegenden Stücke dazu beitragen können, in einer hektischen, kommerzialisierten Adventszeit, dann wäre das sehr viel.

FRANZ XAVER RIEDL / ALFONS SCHWEIGGERT

NOTIZEN:

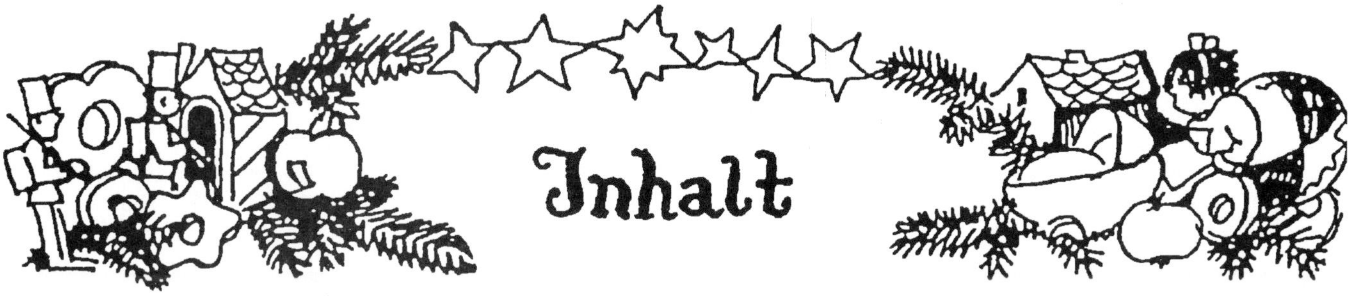

Inhalt

****

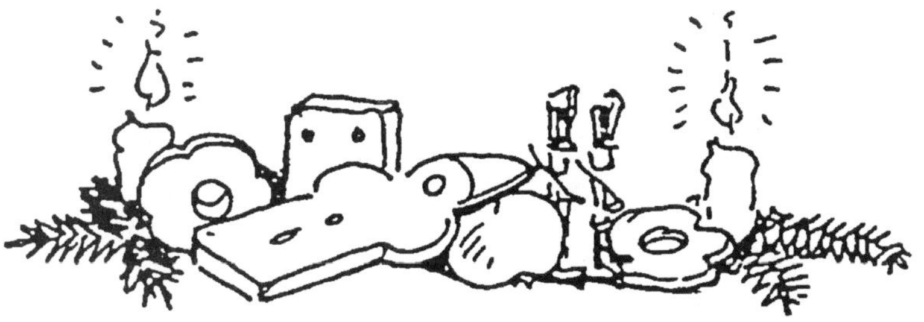

NOTIZEN:

Das Wunder des Lichtes

Franz Xaver Riedl

Fünf Kinder stehen mit Kerzen im kleinen Halbkreis auf der Bühne. Das 3. Kind in der Mitte sollte eine etwas größere brennende Kerze tragen als die anderen.

1./2. Kind:	Es ist dunkle Nacht.
3./4. Kind:	Und überall ist es kalt.
1. Kind:	Ohne Licht können wir nicht leben.
2. Kind:	Im Dunkeln haben wir Angst.
4. Kind:	Wir sehnen uns nach Licht.
5. Kind:	Wir sehnen uns nach Wärme.
3. Kind:	Das Licht leuchtet in der Finsternis.
1./2. Kind:	Es ist wieder Advent.
3./4. Kind:	Wir zünden die Kerzen an.

(Die 4 Adventkerzen werden entzündet.)

1. Kind:	Jetzt ist es hell.
2. Kind:	Das Licht strahlt.
4. Kind:	Jetzt wird es warm.
5. Kind:	Ich kann vieles sehen.
3. Kind:	Das Licht macht unser Leben voll und schön.
1./2. Kind:	Wir freuen uns auf das Weihnachtsfest.
4./5. Kind:	Auf den Christbaum und die Krippe.
1. Kind:	Auf die Kerzen und Lichter.
2. Kind:	Auf das Wunder des Lichtes,
4. Kind:	das die Dunkelheit heller macht,
5. Kind:	das Wärme gibt.
3. Kind:	Das wahre Licht, das jeden Menschen erleuchtet, kam in die Welt.
1./2. Kind:	Es gibt viel Dunkelheit in der Welt.
3./4. Kind:	Oft sehen wir diese Dunkelheit nicht.
1. Kind:	Ich will ein kleiner Lichtstrahl sein, damit es heller wird.
2. Kind:	Ich will ein kleiner Lichtstrahl sein, damit es wärmer wird.
4. Kind:	Ich will ein kleiner Lichtstrahl sein, damit es schöner wird.
5. Kind:	Ich will ein kleiner Lichtstrahl sein, damit wir den richtigen Weg finden.
3. Kind:	Wer seinen Bruder liebt, bleibt im Licht.
1./2. Kind:	Licht und Dunkelheit gibt es im Leben der Menschen.
4./5. Kind:	Licht und Dunkelheit gibt es in meinem Leben.
1. Kind:	Ich habe Wachs zum Brennen.
2. Kind:	Aber die Flamme flackert im Wind.
4. Kind:	Ich habe Angst. Die Flamme verlöscht.
5. Kind:	Die Flamme ist klein. Sie geht aus.
3. Kind:	Der Herr ist bei uns, wenn es dunkel ist in unserem Leben. Er ist und bleibt für uns das Licht.

Die Barbarazweige

Franz Xaver Riedl

Kind 1: Willst du am Weihnachtstag, mitten im schneekalten Winter, dem Christkind einen blühenden Geburtstagsstrauß schenken?

Kind 2: Ja? Dann mußt du am 4. Dezember Barbarazweige in die Vase stellen.

Kind 3: Am besten eignen sich die Zweige der wilden Kirsche, des wilden Apfelbaums, von Forsythien, von Birn- oder Pfirsichbaum.

Kind 4: Sie werden darum Barbarazweige genannt, weil sie am Namenstag der heiligen Barbara geschnitten werden.

Kind 1: Und wie ein Wunder, trotz der eisigen Winterzeit, genau am Weihnachtstag in herrlicher Blüte stehen.

Kind 2: Aber du mußt sie mit Geduld und Liebe in den folgenden Wochen zum Treiben bringen und einiges beachten.

Kind 3: Du mußt die Zweige am unteren Ende brechen, damit sie mehr Wasser aufnehmen können.

Kind 4: Stelle sie in einem nicht zu engen Gefäß zuerst in einen kühlen Raum. Wenn die Knospen zu schwellen beginnen, trage sie in ein geheiztes Zimmer, aber nicht zu nah an die Heizung und vorerst auch nicht ans Fenster.

Kind 1: Erst wenn die Blättchen aus den Knospen hervorlugen, darfst du die Zweige ans Fenster und ins Sonnenlicht stellen.

Kind 2: Sie treiben besonders gut, wenn sie ein- bis zweimal täglich mit einer Blumenspritze besprüht werden.

Kind 3: Das Wasser in der Vase solltest du einmal wöchentlich wechseln.

Kind 4: Mit einer üppigen Blütenpracht lohnen die Barbarazweige am Weihnachtstag die Mühe, die du für sie aufgewendet hast und du kannst dem Christkind zum Geburtstag eine Freude bereiten.

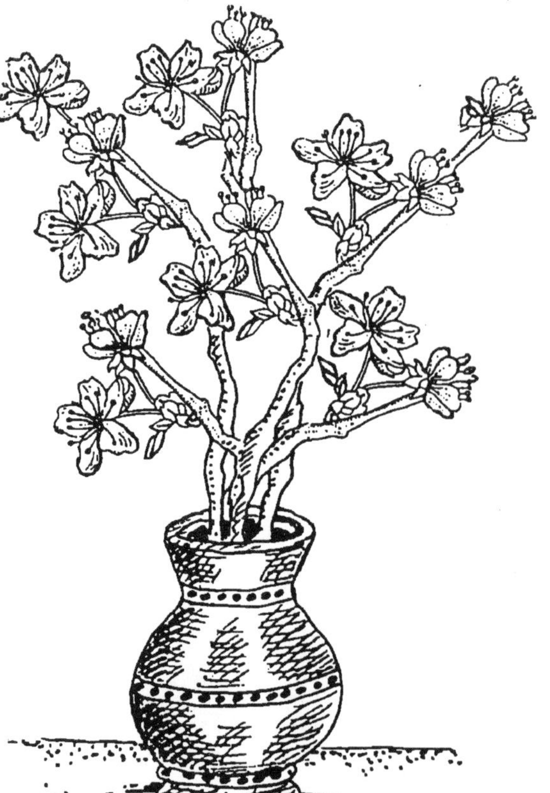

Die heilige Barbara - eine Adventsbotin

Franz Xaver Riedl

Sprecher 1:	Die heilige Barbara lebte zu einer Zeit, als Nichtchristen sagten, es wäre ein Verbrechen, Christ zu sein.
Sprecher 2:	Nach der Legende war Barbaras früh verstorbene Mutter die Tochter des römischen Kaisers Maximin I. Barbaras Vater war ein Nichtchrist, der seine Tochter sehr, sehr liebte.
Sprecher 1:	Eines Tages sprach der Vater zu Barbara:
Vater:	Ich muß verreisen, liebes Kind, und ich möchte, daß dir in dieser Zeit, in der ich fort bin, nichts Böses zustößt.
Barbara:	Oh, du mußt verreisen! Was soll ich tun?
Vater:	Gehe in unseren Wachtturm. Dort will ich dich einschließen, bis ich wiederkomme. Ich lasse den Turm prächtig und bequem einrichten. Es wird dir nichts fehlen.
Sprecher 1:	Barbara tat, wie der Vater sagte, und der Vater reiste ab.
Sprecher 2:	Es war so, wie der Vater versprochen hatte. Im Wachtturm hatte er für sie eine wunderschöne Wohnung eingerichtet, mit Zimmern zum Spielen, zum Lesen und zum Lernen.
Sprecher 1:	Auch hatte der Vater Barbara eine Dienerin mitgegeben, die dem Mädchen die Zeit verkürzen und für das Essen sorgen sollte.
Sprecher 2:	So war nun Barbara viele, viele Tage mit der Dienerin in dem einsamen Turm.
Sprecher 1:	Die Dienerin war eine Christin.
Sprecher 2:	Barbara aber eine Nichtchristin, wie ihr Vater.
Sprecher 1:	An den langen Abenden erzählte die Dienerin der kleinen Barbara vom Vater im Himmel und von Jesus, der uns erlöst hat.
Sprecher 2:	Barbara hörte aufmerksam zu, stellte viele Fragen und wollte täglich mehr von Jesus und der frohen Botschaft hören.
Sprecher 1:	Eines Tages sprach die Dienerin:
Dienerin:	Wenn du alles glaubst, was ich dir von Gott und dem christlichen Glauben erzählt habe, und wenn du Gott über alles liebst, so will ich dafür sorgen, daß heimlich ein Priester in unseren Turm kommt, um dich zu taufen.
Barbara:	Ja, von Herzen gern. Ich will Christin werden.
Sprecher 2:	Barbaras Freude war groß. Und so ließ die Dienerin heimlich einen Priester kommen. Dieser taufte Barbara, und so wurde sie ein Gotteskind.
Sprecher 1:	Bald darauf kam der Vater zurück. Schon von weitem sah er, daß sich an dem Turm etwas verändert hatte.
Vater:	Was ist an dem Turm geschehen? Ein drittes Fenster? Der Turm hat doch vorher nur zwei gehabt?
Sprecher 2:	Und als der Vater näherkam, sah er etwas, was ihn furchtbar zornig machte. Er entdeckte nämlich auf der Treppe das Zeichen des Kreuzes eingeritzt.

Vater: Was soll das bedeuten? Willst du mir alles erklären?

Barbara: Ganz einfach, lieber Vater, ich bin Christin geworden und glaube nun an den Herrn Jesus Christus.

Sprecher 1: Da geriet der Vater außer sich vor Zorn.

Vater: Und was bedeutet das dritte Fenster?

Barbara: Vater, ich selbst habe das Fenster, der aufgehenden Sonne zu, anbringen lassen, weil es drei sind, die diese Welt erleuchten: der Vater, der Sohn und der Heilige Geist.

Vater: Nein! Nein! Ich bin dein lieber Vater nicht mehr. Sofort kommst du vor den Henker.

Sprecher 1: In maßloser Wut schleppte der Vater seine Tochter vor das Gericht. Auf ihr furchtloses Bekenntnis zu Christus wußte der Richter keine andere Antwort als die Folter und den Kerker.

Sprecher 2: Später erschlug der wütende Vater sein eigenes Kind mit dem Schwert, worauf ihn ein Blitz getötet haben soll.

Der Streit der Adventskerzen

Alfons Schweiggert

Eine Leseszene

Erzähler 1: Es waren einmal vier rote Adventskerzen. Die saßen auf einem schönen Adventskranz.

Erzähler 2: Am ersten Sonntag im Advent sollte die erste Kerze brennen. Aber welche war die erste?

Erzähler 1: Da fingen die vier Adventskerzen zu streiten an.

1. Kerze: Ich bin die erste Kerze!

2. Kerze: Nein, ich bin die erste Kerze!

3. Kerze: Was fällt euch ein? Ich will als erste brennen!

4. Kerze: Was? Warum soll ich nicht als erste brennen?

1. Kerze: Nein, ich bin größer als ihr. Ich darf zuerst leuchten!

2. Kerze: Ach was, ich bin röter als ihr. Ich muß zuerst angezündet werden.

3. Kerze: Nein, ich will als erste brennen!

2. Kerze: Warum eigentlich du? Mit welchem Recht?

3. Kerze: Weil ich den schönsten Docht von euch allen habe. Also darf ich auch zuerst brennen.

Erzähler 1: Die vierte Kerze schüttelte den Kopf.

4. Kerze: Seht mich an. Ich stehe am geradesten auf dem Kranz. Ihr drei seid krumm und schief. Deshalb muß i c h die erste sein.

Erzähler 2: So stritten die vier hin und her. Sie stritten nicht nur am ersten Adventsonntag, nein auch am zweiten und sogar am dritten und vierten.

Erzähler 1: Und sie waren sich immer noch nicht einig, welche von ihnen als erste brennen sollte.

Erzähler 2: Da kam der Weihnachtsmann ins Zimmer und rief:

Weihnachtsmann: Schluß jetzt mit euerer ewigen Streiterei! Wißt ihr überhaupt, welcher Tag heute ist?

1. Kerze: Nnnnnein. Jaaaa.

2. Kerze: Heute ist Samstag.

3. Kerze: Ich weiß es nicht.

4. Kerze: Heute ist doch der 4. Adventsonntag.

Weihnachtsmann: Seht ihr! Vor lauter Streiterei wißt ihr nicht einmal, daß heute der Heilige Abend ist.

1./2. Kerze: Wirklich! Heute kommt das Christkind.

3./4. Kerze: Und wir sollten es doch ankündigen.

Weihnachtsmann: Genau! Und deswegen wird nicht mehr gestritten. Verstanden!

Erzähler 1: Er nahm die Kerzen vom Adventskranz und befestigte sie auf dem Christbaum.

1. Kerze:	Oh, was macht der Mann mit mir?
2. Kerze:	Wie geht er mit mir um?
3. Kerze:	Nanu, wo bin ich jetzt?
4. Kerze:	Was ist jetzt los?
Erzähler 2:	Dann zündete er alle vier gleichzeitig an.
4. Kerze:	Ui, ich leuchte!
3. Kerze:	Oh, ich brenne!
2. Kerze:	Ah, ich strahle!
1. Kerze:	Oh, ich wärme!
Alle vier:	Schön!
Erzähler 1:	Da waren die vier Kerzen plötzlich Weihnachtskerzen.
Erzähler 2:	Jetzt waren sie alle zufrieden und haben vor Freude ganz hell gestrahlt.

(als Leseszene eingerichtet von Franz Xaver Riedl)

Der kleine und der große Klaus

Alfons Schweiggert

Mutter und der kleine Klaus im Wohnzimmer. Der kleine Klaus spielt mit der Eisenbahn. Mutter bügelt oder näht.

Klaus: Mutti, wann kommt denn der Nikolaus? Ich kann es schon nicht mehr erwarten.

Mutter: Du mußt Geduld haben. Nikolaus muß heute abend viele Kinder besuchen. Außerdem ist es sehr kalt geworden. Da muß er sich immer wieder ein wenig aufwärmen, bevor er weiterzieht.

(Man hört draußen Glockenläuten.)

Klaus: (aufgeregt) Jetzt kommt er!

(Es pumpert an der Türe.)

Mutter: Aha, jetzt wird es Ernst.

Klaus: Ui! Oh! Ich verstecke mich gleich unter dem Tisch.

Mutter: (geht zur Türe, öffnet, spricht) Grüß Gott, Sankt Nikolaus.

Nikolaus: Grüß Gott! Wo ist denn der kleine Klaus?

Mutter: Hier unter dem Tisch, großer Nikolaus.

Nikolaus: Komm nur heraus, du kleiner Klaus. Heute habe ich den Krampus gar nicht dabei. Du brauchst keine Angst zu haben.

Klaus: Echt? Ist das auch wahr? Hast du in deinem Sack für mich etwas mitgebracht? (kommt unter dem Tisch hervor)

Nikolaus: Bist du auch im letzten Jahr brav gewesen?

Klaus: Ja, fast immer.

Nikolaus: Kannst du mir auch ein schönes Gedicht aufsagen?

Mutter: Genau, das kann er, dieser Frechdachs.

Klaus: Lieber, guter Nikolaus, du bist jetzt bei mir zu Haus,
bitte leer die Taschen aus, dann laß ich dich wieder raus.

Nikolaus: (lacht) Mmmmm, das hast du schön gemacht. Darum bekommst du auch aus meinem großen Sack (holt heraus) ein Säckchen mit Nüssen, einen Beutel mit feinen Plätzchen (übergibt) und ein schweres Netz mit Mandarinen.

Mutter: Ooooh, so viele Sachen. Da mußt du dich aber schon schön bedanken beim großen Nikolaus.

Klaus: (keck) Ich bin der kleine Nikolaus und bedanke mich beim großen Nikolaus. Daaaaaannnnnke!

Nikolaus: (dreht sich und will gehen) Auf Wiedersehen!

Klaus: Halt, Nikolaus!

Nikolaus: (erstaunt) Was ist jetzt los?

Klaus: Und was ist mit dir, großer Nikolaus? Bist du im letzten Jahr auch brav gewesen?

Nikolaus: (lachend) So ziemlich.

Klaus: Kannst du mir auch ein schönes Gedicht aufsagen?

Nikolaus: Jjjjjaaa. Paß auf!
Liebes, gutes, braves Kind, draußen geht ein kalter Wind,
koch mir einen Tee geschwind, daß ich gut nach Hause find.

Mutter: Ja, Sankt Nikolaus. Klar! Warte, ich bringe ...

Klaus: Nein, Mutti. Das mach schon ich. (springt auf, läuft zum Herd und bereitet eine Tasse Tee zu)

Mutter: (bringt Tasse, Untertasse und Dessertteller) Es ist windig und kalt draußen. Da kann man eine Tasse heißen Tee gut vertragen.

Klaus: (bringt den Tee und stellt einen Teller Plätzchen dazu) Hier, das ist alles für dich, großer Klaus.

Nikolaus: (schlürft seinen Tee und ißt einige Plätzchen) Mmmm, der Tee schmeckt gut. Und die Plätzchen sind ausgezeichnet.

Klaus: (stolz) Beim Backen habe ich auch mitgeholfen.

Nikolaus: (steht auf) Danke für alles.

Klaus: Bitte, gerne geschehen. Komm doch nächstes Jahr wieder vorbei, dann beschenken wir uns wieder.

Nikolaus: Natürlich, kleiner Nikolaus! (winkt) Auf Wiedersehn, bis nächstes Jahr.

Klaus/Mutter: Auf Wiedersehn, bis nächstes Jahr.

(als Leseszene eingerichtet von Franz Xaver Riedl)

Lustig ist's im Winter!

(Zum Sprechen, sich Bewegen und Tanzen aus dem Halbkreis heraus)

Es schneit

(Rhythmisches Sprechen, Pantomime und Tanz)

Schnee! Schnee! Juchhe!
Endlich gibt es Schnee!
Schnee! Schnee! Flockentanz,
Frau Huber rupft die Weihnachtsgans!

Arme und Hände stellen pantomimisch die tanzenden Schneeflocken dar.
Das Rupfen zeigen.

Sie zupft die Federn Flock' um Flock',
verkauft sie für 'nen neuen Rock!
Schnee! Schnee! Juchhe!
Endlich gibt es Schnee!

Das Zupfen der einzelnen Federn zeigen.
Die Freude über den Schnee durch Hochwerfen der Arme zeigen.

Tanz der Schneeflocken zu einem passenden Musikstück.
Die Kinder bewegen sich als Schneeflocken im Raum:
tanzen auf den Zehenspitzen, drehen sich um die eigene Achse, schweben und wirbeln über die Spielfläche, lassen Arme und Hände mittanzen und sinken schließlich zu Boden.

Eislaufen

(Sprechvers, Bewegung, Tanz)

Rote Backen, Nüsse knacken,
Handschuh kaufen, Schlittschuh laufen.

Fahr geschwind
schnell wie der Wind.
Immer im Kreis
über das Eis.

Hin und her
hinter dir her, im Walzertakt.
Kreuz und quer,
das ist nicht schwer.

Tanz mit einem Partner

Schlittenfahren

(Zwei Schlitten mit je 3 Kindern stehen im Halbkreis)

Der Berg ist weiß, die Bahn ist glatt.
Hurra, wer einen Schlitten hat.
Da kommt der Hans und die Marie,
und wie der Blitz, so sausen sie.

Aus der Bahn! Aus der Bahn
wer nicht fahren kann.

Bergab, bergauf und ohne Ruh,
wer nicht mitfährt, der schaut zu.
Alle drei auf einem Schlitten
und der Hans sitzt in der Mitten.

Aus der Bahn! Aus der Bahn,
wer nicht fahren kann.

Achtung dort! Dort steht ein Baum!
Den umfahren wir im Traum!
Schaut! Der Lehrer, der fährt auch. ---
Und der Hans liegt auf dem Bauch.

Aus der Bahn! Aus der Bahn,
wer nicht fahren kann.

Nach Adolf Holst

Schneeburgbau mit Schneeballschlacht

(Auf der Bühne 10 bis 15 Jungen und Mädchen. Die Schneeburg wird pantomimisch gebaut. Man kann auch Styroporteile verwenden.)

Peter: Auf geht's! Wir bauen eine Schneeburg. Wer macht mit?

Einige: Ich! Ich! Ich!

Peter: Gut! Alle machen mit!

Uli: Ich rolle eine große Kugel.

Karin: Ich auch! Ich auch!

Alex: Komm, Andi, wir bauen gleich eine Mauer.

Andi: Ui ja, ich helfe dir.

Monika: Ich rolle auch eine große Kugel. Komm, Petra, hilf mir. Sie wird immer schwerer.

Petra/Monika: Hauruck! Hauruck!

Peter: Los und jetzt helfen wir zusammen und türmen die Kugeln aufeinander.

Uli: Das wird eine tolle Burg.

Maxi: (stolz) Uneinnehmbar.

Peter: (stolz) Uneinnehmbar.

Andi: (ruft) Wir machen eine Schneeballschlacht.

Alle: Ja! Hurra! Eine Schneeballschlacht!

Peter: (stellt sich auf die rechte Seite) Wer kämpft mit mir?

Monika: (stellt sich auf die linke Seite) Wer kämpft mit mir?

(Die 10 bis 15 Kinder teilen sich spontan auf zwei Parteien auf.)

Monika: Wir verteidigen die Burg.

Peter: Wir erobern die Burg.

(Die Parteien nehmen die Plätze ein.)

Peter: Feuer frei!

Peter-Partei: Jaaaaa!

Peter: Laßt die Bälle fliegen!

(Jetzt werfen die Kinder pantomimisch ihre Bälle los.)

Monika: (feuert ihre Anhänger an) Versteckt euch! Haltet die Stellung.

Monika-Partei: Jaaa.

Monika: Formt Bälle! Feuert zurück!

(Nun fliegen die Bälle zu passender Musik hin und her, immer schneller, das Geschrei wird immer stärker, bis dann der Sturm der Peter-Partei erfolgt.)

Peter-Partei: Hurra! Wir stürmen die Burg.

(Wenn die Schneeburg eingenommen ist, erfolgt sogleich ein großes Triumphgeschrei. Dann setzt sofort die Musik des letzten Teiles ein.)

Die musikalische Schlittenfahrt

Leopold Mozarts Musik beschreibt winterliche Stimmung: Man hört die Schlitten kommen, die Pferde traben; sie pusten und schnauben in der kalten Luft. Schlittenglöckchen klimpern lustig im Takt. Das Peitschenknallen setzt besondere Akzente.

Tanzanregung

1. Die Kinder ahmen - mit Holzblocktrommeln - das Traben der Pferde nach. Dabei laufen sie zunächst im Takt der Musik einzeln durch den Raum.
2. Einzelne Kinder schlagen dazu Schellenbänder oder Glöckchen.
3. Schließlich laufen drei Kinder verbunden mit einem Seil als Dreiergespann durch den Raum, wobei das erste Kind die Führung übernimmt.
   Alle Schlittengespanne bewegen sich im Kreis und fahren dann zum Schluß nach Hause.

Sterntaler

Franz Xaver Riedl

Sprecher: Es war einmal ein kleines Mädchen, das lebte mit seinem Vater allein in einem kleinen Zimmer am Rande einer großen Stadt.

Vater: Der Vater war arbeitslos und die beiden lebten von der bescheidenen Fürsorgeunterstützung und von dem, was mildtätige Menschen ihnen schenkten.

Kind: Es hatte kein eigenes Zimmer mehr und auch kein eigenes Bett. Es schlief in eine Decke gehüllt auf der abgeschabten Couch.

Nur die Kleider, die es auf dem Leibe trug, gehörten ihr: ein Hemd, ein blaues Kleid darüber, einen braunen Mantel mit warmem Pelz, den ihr Mutter zum Geburtstag schenkte, einen roten Schal von der Großmutter gestrickt, und eine warme Mütze auf dem Kopf und feste Stiefel an den Füßen.

Erzähler: Das Mädchen war brav und gut. Es liebte ihren Vater. Es liebte ihre Mutter. Es liebte ihre Eltern, die sich nicht mehr mochten und sich deswegen getrennt hatten. Das tat dem Kind weh.

Kind: Bald war Weihnachten. Und im Vertrauen auf den lieben Gott, leerte es seine Spardose und ging hinaus auf die Straße, um ihre Mutter zu suchen.

Erzähler: Da begegnete ihm ein Mann, der hustete furchtbar und stank nach Bier und Schnaps, der lallte:

Mann: "He, du Kleine, hast du ein paar Piepen?"

Erzähler: Es reichte ihm das ganze Geld und sagte:

Kind: "Hier! Mehr hab ich nicht."

Erzähler: Der lachte nur und wankte weiter.

Erzähler 2: Da kam eine Frau mit einem Kind an der Hand, das jammerte und rief mit fremd klingenden Worten:

Kind 2: "Mutter, wohin gehen wir? Mich friert doch so am Kopf. Ich will heim. Ich will heim."

Erzähler 1: Da nahm das Mädchen die Mütze und den Schal ab und reichte sie der Frau. Die zögerte zuerst. Aber dann nahm sie lächelnd an.

Erzähler 2: Nach einer Weile kam ein altes Auto. Am Steuer saß ein Mann, der kurbelte das Fenster herunter und fragte:

Mann 2: Wir kommen von drüben. Meine Kinder frieren und haben Hunger. Weißt du, wo der Bürgermeister wohnt?

Erzähler 1: Das wußte das Mädchen leider nicht. Aber im Mantel mit dem warmen Pelz stak noch ein großes Stück Brot. Der Mann am Steuer machte große Augen, als das Mädchen in ihrem dünnen Kleid winkend davonging.

Erzähler 2: Endlich gelangte das Mädchen zu den letzten Häusern der großen Stadt. Es war schon dunkel geworden. Da kam eine Frau, die beachtete es nicht und wollte weitergehen. Da fiel der Lichtschein der Straßenlaterne auf ihr Gesicht.

Kind: Mutti! - Mutti!

Erzähler 1: Das Mädchen rannte auf die Frau zu.

Mutter: Kind, wo kommst du her? Du bist ja ganz kalt! Was machst du alleine auf der Straße?

Erzähler 2: Die Frau hüllte das Mädchen in ihren Mantel und drückte es fest an sich. Das tat dem Kind gut und die Wärme der Mutter strömte in ihren ganzen Körper.

Kind: Mutti, ich habe dich gesucht. Kommst du zu uns? Morgen ist doch Weihnachten.

Erzähler 1: Die Frau drückte das Kind noch heftiger an sich.

Mutter: Es wird alles wieder gut.

Erzähler 2: Und wie die beiden auf der Straße standen, war es, als fielen alle Sterne vom Himmel und hüllten Mutter und Kind in ein wundersames Licht.

Die fleißigen Helfer des Christkindes

Alfons Schweiggert

Spiellied

Das Spiellied ist nach der bekannten Melodie "Wer will fleißige Handwerker sehn?" zu singen. Als Requisiten können die in der jeweiligen Strophe erwähnten Gegenstände eingesetzt werden. Jedes mitspielende Kind erhält einen Gegenstand im Original oder aus Pappe bzw. aus einem anderen Material gebastelt und führt die passende Bewegung aus. Die anderen Kinder können sie mit ihren Händen in der Luft nachvollziehen.

1. Wer will Plätzchenbäcker sehn,
der muß zu uns Kindern gehn.
Den Teig rollt aus, den Teig rollt aus,
feine Plätzchen stechet aus.

2. Wer will Päckchenpacker sehn,
der muß zu uns Kindern gehn.
Packet ein, packet ein,
die Gaben sollen fertig sein.

3. Wer will gern Schneeflöckchen sehn,
der muß zu uns Kindern gehn,
wir betteln fest, wir betteln fest,
daß es Frau Holle schneien läßt.

4. Wer will die Weihnachtskrippe sehn,
der muß zu uns Kindern gehn.
Baut sie schön auf, baut sie schön auf,
den goldnen Stern steckt oben drauf.

5. Wer will unseren Christbaum sehn,
der muß zu uns Kindern gehn.
Stellt ihn her, stellt ihn her,
mit Kugeln schmückt ihn kreuz und quer.

6. Wer will die roten Kerzen sehn,
der muß zu uns Kindern gehn.
Zündet an, zündet an,
ein jedes Licht strahlt, was es kann.

7. Wer will den Weihnachtsbraten sehn,
der muß zu uns Kindern gehn.
Braun und rund, braun und rund,
uns läuft das Wasser schon im Mund.

8. Wer will fröhliche Sänger sehn,
der muß zu uns Kindern gehn.
Stille Nacht, heilige Nacht,
wir singen, bis das Christkind lacht.

9. Wer will dankbare Leute sehn,
der muß zu uns Kindern gehn.
Wir spenden Geld, wir spenden Geld,
für alle Armen dieser Welt.

10. Wer will Heilig Abend sehn,
der muß zu uns Kindern gehn.
Seht nur her, seht nur her,
wir Kinder freu'n uns alle sehr.

Weihnachtsgrüße

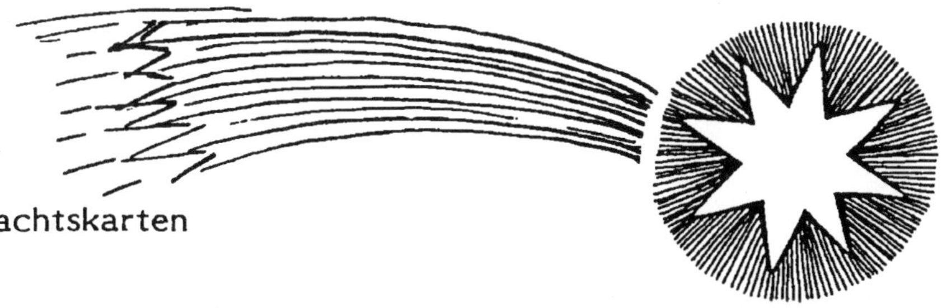

Personen	Requisiten
Mutter	Adventskranz
Petra	Schnur
Uli	ca. 20 Weihnachtskarten
Mutter	Mäppchen
Peter	Malstifte
	Zeichenblock
	selbstgemalte Karte

1. Szene

Wohnzimmer: mit Tisch und einigen Stühlen angedeutet, auf dem Tisch ein Adventskranz; quer durch das Zimmer ist eine Schnur gespannt, auf der zahlreiche Weihnachtskarten hängen oder mit Wäscheklammern befestigt sind.

Petra: (stürmt mit weiteren Weihnachtskarten herein)
Mutti! Die Post ist da! Die Weihnachtspost aus Himmelhausen!
Uli: (rennt hinterher)
Post für mich! Ist für mich auch etwas dabei?
Mutter: (gestreßt von rechts)
Wer schreibt uns denn schon w i e d e r ?
Petra: (liest)
Frohe Weihnachten wünscht Euch allen Euer Onkel Walter. (hängt die Karte auf die Girlande)
Mutter (wegwerfend)
Ach der! Der meldet sich auch wieder einmal und kennt uns das ganze Jahr nicht. D e r wartet bestimmt bloß auf ein Weihnachtsgeschenk. Und wer liebt uns noch so sehr, daß er uns gleich eine Weihnachtskarte schickt?
Petra: (liest)
Liebe Familie Huber, wir denken oft an Euch und hoffen, daß wir uns im Neuen Jahr einmal wiedersehen. Fröhliche Weihnachten, Euere Schulzes. (hängt die Karte auf)
Mutter: (hält die Hände vors Gesicht)
Ach du lieber Gott, die Schulzes aus Hamburg. Das darf doch nicht wahr sein!
Uli:
Mama, wer sind die Schulzes?
Mutter:
Ach, eine Urlaubsbekanntschaft.
Uli:
Mama, freust du dich nicht über die Karte?
Mutter:
Doch, doch, doch! (leise zu Petra) Die wollen doch bloß eingeladen werden. Und von wem sind die beiden anderen Karten?
Petra:
Liebe Helma, lieber Hans, liebe Kinder, wie geht es Euch? Uns geht es gut! Geht es Euch auch gut? Wir hoffen, daß es Euch an den Feiertagen und im Neuen Jahr genauso gut geht wie uns. Bei uns gibt es am Heiligen Abend eine riesige Gans. Laßt es Euch gut gehen! Euere Bamberger! - - - Puh! So einen Käse kann doch bloß die bucklige Verwandtschaft aus Bamberg schreiben.
Uli:
Mama, gibt es bei uns auch eine Gans?
Mutter:
Nein, weil wir vier mit unserem Riesenappetit die ganzen Weihnachtstage bloß noch Gans essen würden.
Petra:
Wer hat denn da unterschrieben? Das kann ich ja gar nicht lesen.

Mutter:
Zeig her! (buchstabiert) Le-o-pol-dine. Ach, diese blöde Gans. Gut, daß die Schwägerin so weit weg wohnt.
Uli:
Mama, man darf zu der Tante doch nicht Gans sagen.
Mutter:
Da hast du recht, Uli-Kind. Das darf man nicht. Von wem ist die letzte Karte?
Uli:
Mama, darf man zu einer Gans Tante sagen?
Mutter: (ärgerlich)
Natürlich darf man das, du Dummerchen.
Petra: (liest die Namen)
Pia und Pan ---
Mutter: (vollendet den Namen)
---krazius. (verärgert) Was der? Was schreibt er denn?
Petra: (liest)
Ein ruhiges, besinnliches Weihnachtsfest und ein friedliches, friedvolles Neues Jahr wünschen Euch Pia und P-p-pankrazius.
Mutter: (spitz, ironisch)
Soso! Soviel Frieden! (kopfschüttelnd) Auf ein--mal? Das ganze Jahr nichts als bloß Streit. Wenn die den Mund aufmachen, kommen bloß Gift und Galle heraus. Und zu Weihnachten sind sie die friedfertigsten Menschen. Also so was!
Uli: (hat in der Zwischenzeit die Karten auf der Schnur gezählt)
15 - 16 - 17 - 18 - 19 - 20. Uiiii, Mama, heuer haben wir 20 Weihnachtskarten gekriegt. Zwaaanzig Karten. Toll!
Petra: (wirft ein)
Gar nicht toll, weil wir jetzt wieder schreiben müssen.
Mutter: (schaut noch einmal die Karten an)
Uli:
Was? Jedem müssen wir wieder schreiben? Das sind ja - das **sind ja - zwaaanzig** Karten. Und wer schreibt die?
Petra:
Du!
Uli: (erschrocken)
Nein, so viele kann ich nicht schreiben. Ich schreibe der Tante Leo. Liebe Gans-Tante!
Petra: (zischt)
Du spinnst! Das kannst du doch nicht schreiben!
Uli: (hartnäckig)
Doch kann ich. Mami hat doch gesagt, ich darf zu einer Gans Tante sagen.
Petra:
Nein, das schreibst du nicht. Du hast doch eine Meise.
Uli: (beginnt zu heulen)
Du hast eine Meise! Dann schreibe ich überhaupt keine Karte. Bäh! (rennt heulend davon)
Mutter: (schnauft)
Fröhliche Weihnachten. Also wir schreiben nur den allerbesten Freunden. Dem Onkel Walter müssen wir auf jeden Fall schreiben, weil der ...
Petra: (fällt ein)
... unser Erbonkel ist.
Mutter:
Viel Zeit haben wir sowieso nicht mehr.
Petra: (schnippisch)
Also ich schreibe nicht. Ich muß noch Geschenke einkaufen.
Mutter:
Aber Petra, Onkel Walter hat ...
Petra:
... viel Geld. Weiß ich schon. D u erbst doch und nicht ich.
Mutter:
Die Kinder kriegen auch ab.

Petra:
Dann soll Peter schreiben. Er hat mehr Zeit als ich. Ich muß jetzt gehen. Tschüs, Mutti. (ab)

Mutter:
Tschüs, Petra! (schaut auf die Kartengirlande) So viele gute Freunde! Man kann doch unmöglich jedem einzelnen schreiben.
Nächstes Jahr kriegt jeder eine Photokarte mit persönlicher Unterschrift!

2. Szene

(Peter sitzt am Küchentisch und kaut an seinem Füller.)

Peter: (unwillig)
Och, Mami sagt, ich soll für Onkel Walter eine Weihnachtskarte malen. Der freut sich, hat sie gesagt, weil der sowieso bald absegeln tut in die ewigen Jagdgründe, hat sie gesagt, dann erben wir einen Haufen ... Geld, hat sie gesagt. Natürlich. Und jetzt soll ich mir auch noch etwas aus den Fingern saugen - erben. Wenn der die Piepen nicht so hertut, soll ers bleiben lassen. (ruft nach hinten)
Mami, ich weiß nicht, was ich schreiben soll.

Mutter: (von hinten)
Schreib schön, Peterle, gell. Wenigstens einmal im Jahr müssen wir etwas hören lassen.

Peter:
Ach, Mama, du kannst doch den Onkel Walter auch anrufen. Das ist viel einfacher. Zwei Füller habe ich schon aufgegessen.

Mutter: (kommt von hinten)
Was soll ich, anrufen? Du bist vielleicht einer! Das kommt doch viel zu teu ---- er. Außerdem, was soll ich mit dem alten Kauz alles reden. Der hört doch schon gar nicht mehr gescheit.

Peter: (schmollt)
Aber ich soll ihm schreiben, gell!

Mutter:
Ist doch klar, Peterle. Weißt, das fällt doch nicht so auf, wenn du ihm schreibst. Außerdem freut er sich über deine schöne selbstgemalte Karte. (neugierig) Was hast du denn Schönes gemalt? Zeig mal her! (schaut die Karte an) Schön, Peterle. Ein Tannenzweig mit Kerze. Fröhliche Weihnachten.

Peter:
Ooooch, das ist doch blöd ...

Mutter:
Nein, sie ist wunderhübsch. Sie zeugt von Kreativität und Einfallsreichtum.

Peter:
Aber, aber, Mutti, auf meine Zeichnungen krieg ich immer bloß eine Vier. Und jetzt sagst du, ich bin kreaschief.

Mutter: (zärtlich)
Peter, für den Onkel Walter ist sie doch schön genug. Die Hauptsache ist, daß du sie alleine gemalt hast. Du hast es doch gern gemacht.

Peter:
Schoooon. Aber du hättest die Weihnachtskarten doch kaufen können. Die gibt es ganz billig im Hunderterpack beim SUPER 2000.

Mutter:
Was? Kaufen? Nein, nein, Peterle. Deine Karte ist viel besser. Weil mit dem Weihnachtswunsch "Fröhliche Weihnachten" liegst du v o l l im Trend. Außerdem, was soll ich mit hundert Weihnachtskarten?

Peter:
Du, Mutti, das ist doch das praktische daran. Die sind alle schon vorgedruckt und du brauchst bloß noch unterschreiben.

Mutter:
Hundert Karten?

Peter:
Genau. Zehn schickst du an Onkel Walter, zehn an die Tante Leo, zehn an die Oma, zehn an Herrn Pankrazius ...

Mutter:
O Gott, Peter. Warum soll ich jedem zehn gleiche Weihnachtskarten schicken?

Peter:
Ist doch klar, Mutti. Dann hast du für die nächsten zehn Jahre Ruhe. Und wenn du dieses Jahr mit der ganzen Verwandtschaft nicht fertig wirst, dann kannst du ja nächstes Jahr weitermachen.

Weihnachtskarte eines 9jährigen Schülers

Der Weihnachtsmann ist abgeschafft!

Ein lustiges, nachdenkliches Spiel um St. Nikolaus

Personen:

Nikolaus
Petrus
Engel 1
Engel 2
Engel 3
Kleiner Chor
Engel 4
Engel 5
Engel 6
Engel 7
Knecht Rupprecht

Requisiten:

Computeratrappen
Drucker
lange Computerlisten

Nikolaus sitzt vor dem Computer mit einer ellenlangen Computerliste von Namen, Orten und Ländern. Zwei größere Engel bedienen einen Computer und überreichen dem Nikolaus eine neue Liste.

Engel 2:
Hier, Eminenz, das ist die Besucherliste für 1990.
Nikolaus: (liest die lange Computerliste)
Schulze Benni, Berlin, brav
Weinzierl Hans, München, sehr brav
Moser Stefan, Wien, böse
Dallath Jonny, London, fleißig ... (schüttelt den Kopf)
Was? Seid ihr verrückt. Wie soll ich denn das alles schaffen? München, Wien, London --- das sind doch keine Katzensprünge? Und das alles an e i n e m Abend. (liest weiter)
Bukowski Josef, Moskau, sehr brav
Boccherini Luigi, Venedig, unartig
Bordelaise Monique, Paris, sehr lieb
Burger Peter, Frankfurt, faul
(zornig) Wer von euch bedient diesen dummen Himmelscomputer? Bin ich vielleicht ein Rennpferd? Wie stellt ihr euch, ihr himmlischen Heerscharen, das vor?
Engel 1:
Mit deinem flinken Rentierdieselwagen ist das doch kein Problem.
Engel 2:
Und außerdem dauert doch die Besuchszeit für den Weihnachtsmann vom 1. November bis zum 1. Januar. Da hast du doch v i e l Zeit.
Nikolaus:
Weihnachtsmann, Weihnachtsmann? Ich höre nur immer Weihnachtsmann. Ich bin der Sankt Nikolaus. Verstanden?
Engel 1:
Ja, aber ... auf der Erde unten ... nennen dich die Kinder ...
Nikolaus: (unterbricht)
... das ist mir egal, wie die mich nennen. Ich bin der ...

(In diesem Augenblick beginnt ein Kinderchor auf einer Art Vorbühne nach der Reihe folgende Lieder zu intonieren, Engel und Nikolaus hören gespannt zu: "Knecht Rupprecht stapfet durch den Tann", "Niklaus ist ein guter Mann", "Morgen kommt der Weihnachtsmann")

Engel 2: (lacht)
Siehst du! Du bist - (zählt auf) der Knecht Rupprecht, der Weihnachtsmann und der Nikolaus.
Engel 1: (lacht mit)
Freilich, Gabriel hat schon recht. Weihnachtsmann ist doch bloß der Spitzname des Heiligen Nikolaus.
Nikolaus: (stampft verärgert auf den Boden)
Was fällt euch eigentlich ein, mir Spitznamen anzuhängen. (schreit) Nein - zum Kuckuck noch einmal - nein. Ich bin und bleibe der Nikolaus.

Petrus: (kommt von rechts herein)
Ja, was ist denn hier los? Wer brüllt denn bei uns in den himmlischen Gefilder so herum?

(Einige Engel drängen hinter Petrus auf die Bühne)

Engel 2:
Herr Petrus, Nikolaus will sich nicht Weihnachtsmann nennen lassen.
Engel 1:
Und, und außerdem will er auch nicht mehr Knecht Rupprecht sein.
Nikolaus: (brummt)
Bin ich doch auch nicht.
Engel: (alle lachen und kichern)
Nikolaus:
Da gibt es auch gar nichts zu kichern. Die modernen Menschen wollen nicht mehr an das Christkind glauben und machen einen Weihnachtsmann draus.
Engel 3: (vorwitzig)
Dann bist du auch nicht Väterchen Frost, wenn du nach Rußland reist?
Engel 4: (erschrocken)
Und auch nicht der Pelzmärtl bei den Franken in Deutschland?
Nikolaus: (windet sich)
Ja ... Nein!
Engel 2:
Wie ist es dann? Sag du es uns, Herr Petrus!
Petrus: (zögernd)
Je nun. So einfach ist das gar nicht zu erklären.
Engel 1:
Was soll das heißen?
Engel: (mehrere)
Ja, was soll das bedeuten?
Engel 5:
Das ganze Jahr arbeiten wir für den Weihnachtsmann, basteln in seiner Werkstatt Spielsachen, nähen Puppenkleider, bauen Puppenküchen und Burgen -
Engel 6:
Richtig. Und füttern den dummen Computer mit Weihnachtswünschen und Adressen.
Engel 1:
Für wen? Für wen, frag ich euch?
Engel 2:
Natürlich! So ist es doch. W i r zerbrechen uns unsere Engelsköpfe, machen deine gesamte Reiseplanung und bepacken deinen achtspännigen Rentierschlitten.
Engel 6:
Und d u , was machst du? Du fliegst auf Staatskosten in der ganzen Welt herum, gibst in jedem Kaufhaus einen Staatsempfang und lädst in jedem Haus, das dich erwartet, Geschenke ab.
Nikolaus: (ärgerlich)
I c h gehe in kein Kaufhaus. Ich nicht. Und ich verteile auch keine Werbegeschenke, um Kunden zu fangen. Drum bin ich auch kein Weihnachtsmann. Versteht ihr das endlich?
Einige: (zustimmend)
Jajaja!
Engel 7:
Aber w i r schuften für dich um einen Hungerlohn.
Engel: (alle)
So ist es!
Engel 2:
Nein, so ist es nicht!
Engel: (alle)
Für den Weihnachtsmann!
Engel 1:
Und wofür, frag ich euch?
Engel: (schweigen)

Engel 2:
I c h sage es euch: Wir sind zufrieden, daß wir ohne Lohn arbeiten dürfen und daß e r , der Herr Weihnachtsmann, die Anerkennung einstreichen kann.

Nikolaus: (winkt ab)
Ihr versteht mich doch nicht.

Engel:
Willst du nun unser Weihnachtsmann sein? Ja oder nein?

Engel 1: (schreit)
Wir setzen ihn einfach ab und suchen uns einen neuen Weihnachtsmann.

Petrus:
Kinder paßt auf, ich sage euch etwas. Ihr wißt doch, daß Nikolaus einst Bischof von Myra war, und bald nach seinem Tod um das Jahr 300 schon als Heiliger verehrt wurde. Seine Güte und Freigebigkeit war überall bekannt.

Engel 5:
Gut, aber der Knecht Rupprecht; was ist mit dem?

Petrus:
Richtig! Schaut dort unten kommt er.

Knecht Rupprecht: (marschiert über die Vorbühne)

Engel 4:
Ja, wie schaut denn der aus? Ui, der schwingt aber eine Rute.

Petrus:
Der Knecht Rupprecht stellt eigentlich den in Stroh eingewickelten Winter dar.

Engel 3:
Das ist doch ganz was anderes.

Petrus:
Nein, nein, hör doch zu, du naseweiser Erzbengel. Bei den gescheiten Menschen galt lange Zeit St. Nikolaus als Weihnachtsmann, der den Kindern am Heiligen Abend die Geschenke brachte.

Engel 5:
Na also. Dann stimmt doch alles, warum regt sich denn unser alter Herr so auf?

Petrus: (beschwichtigt)
Ihr seht doch, was da unten die Geschäftsleute draus machen! Darum will Sankt Nikolaus ...

Engel 4:
Aber, aber ... Es ist doch schlimm, wenn die Kinder herausfinden, daß es gar keinen Weihnachtsmann gibt.

Engel 2:
Deswegen ärgern wir uns doch über den Nikolaus.

Nikolaus:
Die Geschenke bringt ... am Heiligen Abend das Christkind.

Engel 6:
Und die Kinder, große und kleine, glauben an das Christkind.

Engel 3:
Und was machst dann du?

Nikolaus:
Das wißt ihr doch! Das, was ich immer schon gemacht habe.

Petrus:
So ist es!

Nikolaus:
Ich beschenke die Kinder auf der ganzen Welt und mache ihnen eine Freude in vielerlei Gestalt als Bote des Christkindes.

Petrus:
Und deswegen ist es auch gar nicht so wichtig, ob dieser Weihnachtsbote Santa Claus, Pere Noel oder Väterchen Frost heißt. So ist es, ihr naseweisen aufmüpfigen Erzbengel!

Engel 6:
Aber Sankt Nikolaus schaut doch dann überall anders aus?

Nikolaus:
Richtig, aber alle Figuren tragen bestimmte Züge von mir, dem Nikolaus von Myra, in sich.

Engel 7:
Welche? Nenne sie uns!

Petrus:
Na, das glaube ich, könnt ihr und alle Kinder, die uns zuhören, bestimmt leicht selbst herausfinden.

Franz Xaver Riedl

Das Weihnachtskind

Personen:	**Requisiten:**
Tante Rosa	Christbaum
Vater	Kaffeetisch
Mutter	Teller mit Plätzchen
Peter	Christbaumschmuck
Anke	Geschenkpäckchen
Susi	mit kleinem Weihnachtsengel

1. Szene

Familie Rosner - Vater, Mutter, Anke, Peter und Susi - sitzen beim Mittagessen.

Susi:
Eine aus meiner Klasse, die laden zu Weihnachten ein Kind aus dem Anna-Heim ein.

Peter: (lacht)
Klein oder groß?

Susi:
Eine Kleine natürlich, damit ich nicht so alleine bin. Warum? Suchst du eine Freundin? Was du wieder alles denkst!

Peter:
Warum? Dann wären wir zu viert. Da wäre was geboten am Heiligen Abend!

Vater:
Das könnte so ein "Unheiliger Abend" werden.

(Zuerst schweigen die Familienmitglieder einige Zeit.)

Mutter:
Ach so schlecht finde ich den Gedanken der Susi gar nicht. Wir könnten wieder einmal so richtig Weihnachten feiern - wie es früher war, wie Peter und Anke noch klein waren.

Anke: (ironisch)
Ja, ja! So mit Glöckchen und Engelhaar. O Gott! O Gott!

Peter:
Hihihihi! (macht sich lustig) Stille Nacht! O wie lacht!

Susi: (zischt)
Sei still, du alter Spötter!

Mutter:
Also ich bin für Susis Vorschlag. Außerdem wäre das wirklich eine gute Tat.

Susi:
Das Kind könnte doch auf dem Sofa schlafen.

Peter:
Hehe, weil in der Herberge kein Platz mehr war, mußte das Weihnachts-Kindchen auf der Couch schlafen.

Anke: (singt)
Alle Jahre wieder kommt ein Weihnachtskind. (spricht) Ihr denkt doch nur an euch und euer schlechtes Gewissen.

Vater:
Sei doch nicht gar so kritisch! Man kann es doch einmal probieren. Vielleicht ist einem Kind wirklich geholfen.

Mutter:
Man braucht doch nicht gleich übertreiben.

Susi:
I c h kümmere mich um ein Geschenk. (zu Anke und Peter) Und was macht ihr zwei?

Anke:
Also gut! Ich backe Plätzchen für das Kind.
Peter:
Also gut! Ich sorge für einen schönen Christbaumschmuck.
Mutter:
Prima! Ich rufe morgen im Annaheim an und werde mit der Heimleiterin alles besprechen.

(Telefon läutet)

Mutter: (hebt ab und spricht)
Ja, hier Rosner. Ach, Tante Rosa, du bists. (hört zuerst zu, dann erschrocken) Ach du lieber Gott! Gestürzt? --- Es ist schlimm? (hört wieder zuerst zu, dann) Du bist alleine an den Feiertagen? Alle weg! O je! Hmm! (hört zu) Hmmm! (hört zu) Kannst dir schlecht helfen. (hört zu) Hmmm! Beim Kochen! (hört zu) Hmmmm!
Anke: (leise zu Susi)
O je! Da kannst du dir dein Weihnachtskind gleich wieder aus dem Kopf schlagen.
Susi: (erschrocken)
Nein! Auf keinen Fall.
Mutter: (am Telefon)
Tja, Tante Rosa, dann kommst du an den Feiertagen eben zu uns. Wir werden schon Platz finden.
Susi: (zischt)
Aber nicht auf der Couch!!
Mutter:
Umstände meinst du? --- Nein! Das geht schon klar! (hört wieder zu) Naja! ---- Nnnnein! ---- Also! Tschüß, Tante Rosa! Bis zum Samstag! Wiiiiiiiederhörn! (legt auf)
Peter: (rauft sich die Haare)
Um gotteswillen, diese alte Quasseltante! Das wird ein anstrengender Abend.
Susi:
Und was wird aus meinem Weihnachtskind?
Mutter:
Tante Rosa ist krank. Sie braucht Hilfe. Das mußt du doch verstehen!
Anke:
Aber sie hat an allem etwas auszusetzen. Einmal gefällt ihr mein neues Outfit nicht. Dann meckert sie wieder an meiner Frisur herum. Und im übrigen ...
Vater: (fällt ein)
... ist Tante Rosa an den Feiertagen mit ihrem gebrochenen Arm ganz allein.
Susi: (beleidigt)
Mein Weihnachtskind ist auch allein.
Mutter:
Das kannst du an einem anderen Sonntag auch einladen, zum Spielen oder zum Basteln und so.
Anke:
Stimmt!
Peter:
Ach, die Olle erzählt immer die gleichen alten Geschichten zum hundertsten Male. Das hängt mir schon zum Hals heraus. Ich kenne ihre Geschichten schon auswendig ...
Vater:
Dann sagst du eben der Tante, sie soll etwas anderes erzählen.
Anke:
Richtig!
Susi: (energisch)
Mein Weihnachtskind schläft auf der Couch. Wo soll die Tante schlafen? Die Couch ist belegt.
Mutter: (bestimmt)
Gut! Dann rufst d u jetzt die Tante an und sagst ihr ab, weil wir schon ein Heimkind eingeladen haben und die Couch bereits belegt ist.

Alle: (durcheinander)
Das geht nicht! - Nein, ich mache das nicht! Das können wir ihr doch nicht antun.
Mutter: (siegesbewußt)
Seht ihr! So ist das! Die Tante kann also kommen?! Es bleibt dabei!
Alle:
Natürlich!

2. Szene

Im Wohnzimmer - links ein Christbaum, den Peter gerade fertig behängt. Rechts hinten steht das Sofa. Mutter richtet den Kaffeetisch her. Susi hilft dabei. Anke bringt selbstgebackene Plätzchen. Vater kümmert sich um Schallplatten etc.

Mutter: (zu Peter, anerkennend)
Schön hast du den Baum geschmückt.
Peter: (wegwerfend)
Wirst schon sehen, daß die olle Meckerziege wieder etwas zum Aussetzen hat.
Mutter:
Komm, Peter! Nimm dich zusammen. (schaut auf die Uhr) Tante Rosa wird gleich kommen.
Anke:
O Gott, da muß ich mich noch schnell umziehen. (will gerade weggehen)
Susi: (betrachtet die Plätzchen)
Hmmmm! Lecker! Da muß ich gleich mal eins stibitzen!
Anke: (hört Susi beim Hinausgehen, dreht sich um und schimpft)
Susi, laß das ja bleiben. Die gehören unserem Weihnachtskind.
Susi: (verblüfft)
Weihnachtskind? Wen meinst du denn damit?
Anke:
Tante Rosa ist heuer unser Weihnachtskind.
Susi: (lacht)
Ach so! Jaja, du hast recht!

(Es läutet.)

Anke: (erschrickt)
O Gott. Die Tante! (ab)
Mutter: (zu Susi)
Komm, spring und öffne.
Susi: (ab)
Peter: (schnauft)
Ich bin gerade noch rechtzeitig fertig geworden.
Tante: (kommt herein, leicht hinkend, den Arm in der Schlinge)
Da bin ich, Kinder. Ach so eine Bescherung! Und das auch noch an Weihnachten. Ohhhh!

(Allseitige Begrüßung und Bemitleidung)

Susi: (mitleidig)
Ach, Tante Rosa! Jetzt bist du doch bei uns. Mach es dir gemütlich. Komm, setz dich auf das Sofa. Da kannst du auch schlafen.
Tante: (dankbar)
Aber ... das ist ja nett von dir. Danke! Wo ist denn Anke?
Anke: (von hinten)
Da bin ich Tante Rosa! Entschuldigung, ich habe mich noch eben schnell umgezogen! Hallo!
Tante: (erstaunt)
Umgezogen? Etwa für mich?
Anke:
Na klar!

Tante:
Fesch! Fesch! Na, das freut mich! (gequält) Aber die Frisur! Gräßlich! Wie eine Vogelscheuche siehst du aus.

Anke: (ein wenig beleidigt)
Aber Tante! Die trägt man doch heute so!

Susi: (lenkt ab und bietet der Tante den Plätzchenteller an)
Tante Rosa, darf ich dir meine selbstgebackenen Plätzchen anbieten?

Tante: (gerührt)
Aber Kinder, ihr verwöhnt mich ja heute. Ich mache euch soviel Mühe. Ich weiß gar nicht, was ich sagen soll. (nimmt eins und beißt hinein) Hmmmm! Ausgezeichnet! Delikat!

Mutter:
Komm, Rosa! Setz dich jetzt her. Jetzt gibt es einen guten Kaffee und ein Stück Kuchen oder Plätzchen.

Tante: (geht herüber vom Sofa zum Tisch und will sich gerade setzen, da entdeckt sie auf ihrem Stuhl ein kleines Weihnachtspäckchen mit einem Tannenzweiglein verziert - Gerührt nimmt sie es an sich. Erstaunt)
Ist das für mich?

Vater:
Wenn es auf deinem Platz liegt, wird es schon dir gehören.

Tante:
Und von wem ist das?

Anke/Susi/Peter:
Vom Christkind für unser Weihnachtskind.

Tante: (erstaunt, sprachlos)
Christkind? ... Weihnachtskind? ... Das ist ja ... das ist ja ... wie früher, als ich noch ein Kind war. Nein so etwas ... (neugierig) Darf man ... hineinschauen ...

Vater: (ermuntert)
Na schau nur hinein. Aber schön der Reihe nach jeden Knoten öffnen.

Tante: (während sich die Eltern und Kinder Kaffee und Kuchen schmecken lassen, öffnet die Tante umständlich das Päckchen und entnimmt zu ihrem großen Entzücken einen Weihnachtsengel mit Engelshaar)
Kinder, das ist ja wirklich wie in alten Zeiten, als ich noch ein Kind war. Ich habe mir immer einen solchen kleinen Weihnachtsengel gewünscht. Ich danke euch allen. Oh, wie schön.

Peter:
Tante Rosa, ich weiß, daß du so wunderbar erzählen kannst. Erzählst du uns einmal, wie ihr daheim früher Weihnachten gefeiert habt?

Tante: (schnauft tief)
Ach ja, das ist jetzt schon fast 60 Jahre her. Damals war ich noch jung und ...

Vater: (fällt lachend ein)
... viel hübscher als heute.

Tante: (schimpft)
Du bist ein Schlimmer. Das wollte ich doch gar nicht sagen.

Mutter: (ermuntert)
So, jetzt stärkst du dich erst richtig mit Kaffee und Kuchen. Und dann erzählst du uns eine schöne lange Geschichte.

Tante: (fröhlich)
Kinder, ist das ein schönes Weihnachten bei euch. Gut, daß ich mir den Arm gebrochen habe!

E n d e

Engel, gibt's die?

Lese- oder Spielszene

Personen:

Großmutter		alte Frau, gehbehindert
Ulrike,	10 Jahre	Student
Andi,	8 Jahre	DDRler, Sachse
Petra,	6 Jahre	Mann 1
Frau		Mann 2

1. Szene

Großmutter: (liest das Weihnachtsevangelium vor)
... Da stand plötzlich ein Engel des Herrn vor ihnen ...

Petra: (erstaunt)
Ein Engel? Oma, wo ist der Engel hergekommen?

Andi:
Vom Himmel ist er heruntergeflogen. Was denn sonst?

Ulrike: (sehr gescheit)
Lächerlich! Engel haben doch keine Flügel! Das steht nirgends in der Bibel!

Petra:
Und wie kommt er dann vom Himmel herunter, wenn er keine Flügel hat?

Oma: (unwirsch)
Unterbrecht mich jetzt nicht dauernd mit euerer Streiterei. Das ist doch gar nicht so wichtig, ob Engel Flügel haben oder nicht.

Petra:
Eben! Oma lies weiter.

Großmutter:
Der Engel aber sprach: Fürchtet euch nicht ...

Petra:
Oma, wie hat der Engel ausgesehen?

Andi:
Wie halt Engel aussehen! Die tragen ein langes Nachthemd, haben lange blonde Haare und tragen einen goldenen Reifen auf dem Kopf.

Petra:
Sind das dann lauter Mädchen?

Andi:
Klar doch!

Ulrike: (lachend)
Dann kommen Jungen nicht in den Himmel. Bäh!

Großmutter:
Ruhe jetzt! Ich lese weiter!
Und plötzlich war bei dem Engel eine große himmlische Heerschar ...

Petra:
... lauter Engel, Oma?

Andi:
Klar doch, du naives Gänschen.

Petra:
Bin kein naives Gänschen!

Großmutter:
Streitet euch nicht.

Petra:
Und wer hat sie geschickt?

Großmutter:
Gott schickt sie. Ich lese jetzt weiter: Und plötzlich war bei dem Engel eine große himmlische Heerschar, die lobt Gott und sang: "Ehre sei Gott in der Höhe und Friede den Menschen auf Erden, die guten Willens sind."

Petra:
Oma, was machen eigentlich Engel?
Andi:
Du hast es doch gerade gehört - Gott loben und singen.
Ulrike: (ironisch, lachend)
Dann komme ich nicht in den Himmel. Ich kann nämlich nicht gut singen.
Andi:
He, he! Siehst du, du kommst auch nicht in den Himmel.
Ulrike:
Aber ich kann Harfe spielen. Harfenspieler braucht man auch im Himmel.
Petra:
Ihr seid blöd. -- Ich will jetzt wissen, was Engel wirklich machen. Oma, sag du!
Großmutter:
Engel sind Boten Gottes; sie grüßen, bringen eine Nachricht und warnen und sind überall.
Andi:
Das habe ich noch nie gehört, Oma.
Ulrike:
Doch! Oma hat recht: Weihnachten ist voller Engel, hat der Herr Pfarrer gesagt. Der Engel Gabriel kommt zu Maria. Und dem Josef erscheint er im Traum.
Großmutter:
Genau, da siehst du, wie wichtig Engel sind. Sie sind dazu da, uns vorzubereiten, uns aufzuklären. Wir würden sonst gar nichts verstehen. Sie sind Boten Gottes, die uns sagen, was geschieht, damit wir klar sehen.
Petra:
Das verstehe ich schon. Aber ...
Andi: (ungeduldig)
Was aber ... Jetzt reichts aber mit deiner ewigen Fragerei!
Ulrike:
Was aber ...? Was willst du noch wissen. Jetzt ist doch alles klar.
Petra:
Eben nicht. - Oma hat gesagt, Engel sind überall. Ich habe aber noch nie einen gesehen.
Andi:
Ich auch nicht.
Ulrike:
Schau mich an, dann siehst du einen.
Andi:
Du, ein Engel? Daß ich nicht lache. Du bist einer mit einem "B" vorne dran.
Ulrike: (ärgert sich)
He, warte. Gleich kracht's!
Oma:
Halt! Halt! Hört auf, die Bengel! Petra, ich meine: Wenn du einen Engel sehen willst, mußt du ihn suchen.
Andi:
Wie? Was? Suchen soll ich? Einen Engel?
Ulrike:
Oma, du machst Witze!
Andi:
Wo sind denn die Engel eigentlich? Ich dachte, sie sind im Himmel.
Großmutter:
Sie sind auch unter uns.
Alle: (erstaunt)
Was? Unter uns?
Großmutter:
Ja, unter uns!
Petra:
Und wo findet man einen? Kann ich ihn sehen?
Großmutter:
Das ist gar nicht so leicht.

Alle:
Warum?
Großmutter:
Weil das auf den Engel selber ankommt.
Ulrike:
Das verstehe ich nicht.
Andi/Petra:
Ich auch nicht.
Großmutter:
Ihr müßt gute Augen haben und mit dem Herzen sehen.
Ulrike:
Das verstehe ich nun wieder nicht. Ich habe doch gute Augen. Oma du sprichst in Rätseln.
Großmutter:
Ihr müßt nur gut aufpassen, damit ihr sie nicht überseht. Hier - schaut doch selber!

2. Szene

Menschen, Fußgänger gehen, hasten mit Taschen, Tüten auf der Vorbühne hin und her.

Ulrike:
Da soll ein Engel dabei sein?
Großmutter:
Wartet doch ab: Vielleicht doch!
Student: (kommt von rechts, bleibt unschlüssig stehen, schaut sich um)
Gehbehinderte: (kommt langsam von links, entdeckt den jungen Mann)
Suchen Sie jemand? Kann ich Ihnen helfen?
Student: (erstaunt, stottert)
Äh - äh - sind Sie von hier?
Gehbehinderte:
Natürlich, junger Mann. Zwanzig Jahre wohne ich schon hier. Ich bin nur eine alte Frau. Brauchen Sie Hilfe oder einen Rat?
Student:
Ja! Ich suche die Sprachenschule. Die muß doch hier irgendwo sein?
Gehbehinderte:
Ach ja, natürlich. Die ist gleich da vorne, um die Ecke herum, auf der linken Seite, das rote Gebäude.
Student: (erfreut)
Danke! Danke! Besten Dank!
Gehbehinderte:
Keine Ursache! Wiedersehn! Gott schütze Sie, junger Mann.
Student: (schon im Weggehen, dreht sich noch einmal verwundert um und winkt)

(Der Menschenstrom auf der Vorbühne läßt nach, bleibt aus)

Petra: (verwundert)
Wo ... wo ... ist der Engel?
Andi:
Ich habe auch keinen gesehen!
Ulrike:
Ihr seid blind. Die alte Frau natürlich. Gell, Oma?
Großmutter:
Richtig! Schaut weiter!

Weihnachtsmusik ertönt. Der Menschenstrom setzt wieder ein, hetzen, jagen aneinander vorbei.

Ulrike:
Die sehen aber nicht wie Engel aus.
Großmutter:
Wartet ab, vielleicht ist doch einer dabei!
DDRler: (kommt von links langsam herein, betrachtet die hetzende Menschenmenge, schüttelt den Kopf, schaut sich suchend um; versucht, einen Fußgänger anzusprechen, sächselnd)
Guten Tach, könnten Sie mir sachen ...
Frau: (hastet weiter)
Nein, kann ich nicht. Keine Zeit!
Petra:
Die Frau war aber jetzt bestimmt kein Engel!
Andi:
Genau, würde ich auch sagen!
Großmutter:
Laßt euch Zeit!
DDRler: (spricht einen jungen Mann an)
Guten Tag, können Sie mir sachen, wo ich hier günstig essen gehen kann.
Mann 1:
Günstig essen wollen Sie (lacht) und möglichst nicht bezahlen, was? Kommen wohl von drüben, hmm? Die wollen alles geschenkt!
DDRler:
Ne, ne! Geschenkt nich. Ich bezahle alles, was ich verzehre. Aber ville kann ick mir nich leisten.
Frau: (kommt wieder vorbei und ist auf die beiden aufmerksam geworden - gehässig, laut)
Was wollt ihr eigentlich bei uns? Glaubt ihr vielleicht, bei uns ist das Schlaraffenland? Nichts arbeiten und gut leben.
DDRler:
Ick will ja arbeten.
Mann 1:
Wir haben selber genug Arbeitslose. Was wollen Sie hier?
DDRler:
Wat zu essen und bezahlen tu ich ooch.
Mann 2: (während der lautstarken Auseinandersetzung ist ein weiterer Mann dazugekommen, der bis jetzt wortlos zugehört hatte)
Kommen Sie, ich lade Sie ein zu einer Pizza. (zeigt nach vorne) Da vorne ist eine gemütliche Pizzeria. Es ist nicht weit ... kommen Sie ... Lassen Sie diese Menschen ... (ab)
Ulrike:
Das war nun doch wohl klar, wer hier der Engel war.
Petra:
Genau, der Mann, der den DDRler zur Pizza eingeladen hat.
Andi:
Der Mann hat es richtig gemacht. Das war ein Engel.
Petra:
Aber, das hat man dem Mann gar nicht angesehen. Können Männer auch Engel sein, Oma?
Andi:
Na klar doch. Das hast du doch gerade erlebt.
Ulrike:
Für den DDRler war der gute Mann wichtig. Für ihn war der Mann ein Engel.

Petra:
Und der Mann hat keine Flügel gehabt und trotzdem war es ein Engel.
Großmutter:
Richtig, einer, der nicht viel Worte macht und sich gar nicht so wichtig nimmt, sondern hilft. Solche Leute gibt es. Vielleicht nicht sehr viele.
Ulrike:
Ich möchte auch ein Engel sein!
Andi:
Ich auch!
Petra:
Ich auch!
Großmutter:
Na, dann fangt nur gleich mal an.

Der verschenkte Christbaum

Personen:	**Requisiten:**
Pfarrer	kleiner Christbaum
Mesner	großer Schlüsselbund
Pfarrhelferin	Schild 'Kirche'
eine Frau	Schild 'Pfarrbüro'

Spielverlauf:

Mesner: (mit großem Schlüsselbund)
Oh, ist das heute kalt, schrecklich kalt! Na, heute werden nicht viel Leute in das Rorateamt kommen. (will die Kirchentüre aufsperren; entdeckt die kleine Fichte, die an der Kirchentüre lehnt).

Pfarrer: (kommt von rechts herbei)
Guten Morgen, Herr Mesner.

Mesner:
Guten Morgen, Herr Pfarrer. Schauen Sie nur, was da an unserer Kirchentür lehnt.

Pfarrer:
Was machen Sie denn mit der kleinen Fichte, wo haben Sie denn das Bäumchen her? Das ist doch viel zu klein für unsere Kirche.

Mesner:
Gar nichts habe ich damit vor, Herr Pfarrer. Ich nicht. Hier, an der Kirchentüre hat es gelehnt. Jemand muß es da abgestellt haben.

Pfarrer:
Merkwürdig! Halt! Da, da hängt ein Zettel dran. Lesen Sie doch einmal. Da steht etwas drauf.

Mesner: (liest vor)
Für jemand, der keinen Baum hat. (lacht) Ach so ist das gemeint. Also wir haben unseren Baum.

Pfarrer:
Ist ja auch längst Zeit. Morgen ist ja schon Heiliger Abend. Jetzt wird jeder schon seinen Baum haben. Schade um das schöne Bäumchen.

Mesner:
Brauchen Sie, Herr Pfarrer, noch irgendwo ein Christbäumchen?

Pfarrer: (überlegt)
Eigentlich nicht! (nachdenklich - zögernd) Aber warten Sie. Stellen Sie das Bäumchen doch vor das Pfarrbüro. Da kommen heute noch genug Besucher. Aber jetzt muß ich in die Kirche. (ab)

Mesner:
Ist recht, Herr Pfarrer. (nimmt das Bäumchen und trägt es vor das Pfarrbüro, wo bereits die Pfarrhelferin Platz genommen hat. Zur Pfarrhelferin)
Frau Schwarz, draußen vor dem Büro steht eine kleine Fichte, die können Sie verschenken, wenn jemand noch ein Bäumchen brauchen sollte.

Pfarrhelferin:
Ist gut, Herr Mesner.

(Telefon schrillt)

Pfarrhelferin:
Pfarrbüro, Schwarz, grüß Gott.

(Pause)

Pfarrhelferin:
Die Mitternachtsmette beginnt um 23 Uhr. Ja! Ja!

(Pause)

Pfarrhelferin:
Bitteschön! Gern geschehen! Wiederhörn!
Frau Meier:
Guten Morgen, Frau Schwarz.
Pfarrhelferin:
Guten Morgen, Frau Meier. Kann ich Ihnen helfen?
Frau Meier:
Ach, Frau Schwarz, Sie werden mir sicher nicht helfen können, aber fragen kann man ja mal.
Pfarrhelferin:
Fragen Sie, Frau Meier.
Frau Meier:
Wissen Sie, wo man noch ein Christbäumchen herbekommen könnte? Nur eine Frage.
Pfarrhelferin:
Oh, das ist schwierig. Haben Sie denn noch keins?
Frau Meier: (verwirrt)
Ja! Nnnein! Wissen Sie, ich habe meins einer Familie im Haus gegeben. Die hätten heuer keinen gehabt. Und die Kinder sollten doch ihren Lichterbaum haben.
Pfarrhelferin:
Ach so ist das! Na, da werden sich aber die Kinder freuen. Und Sie auch, Frau Meier!
Frau Meier: (erstaunt)
Warum? Wieso?
Pfarrhelferin:
Kommen Sie! (zeigt auf das Bäumchen vor dem Pfarrbüro) Hier! Dieses Bäumchen stand heute früh für Sie bereits vor der Kirchtür, als der Mesner die Kirche aufschloß.
Frau Meier: (erfreut)
Das darf doch nicht wahr sein!
Pfarrhelferin:
Doch! Es ist wahr!
Frau Meier:
Das ist ja wie ein Weihnachtswunder.
Pfarrhelferin:
Es i s t ein Weihnachtswunder.

Die Eisprinzessin

Ein Märchenspiel für Figuren mit Farbfolien

Text nach Karl Heilbronner: Die Eisprinzessin

Zur Figurengestaltung:
Die abgebildeten Schattenfiguren können vergrößert, auf Karton aufgezeichnet und ausgeschnitten werden. Farbigkeit wird durch Hinterkleben mit klarer Folie in verschiedenen Blau- und Grüntönen erzielt. Weitere Farbstimmungen werden auch durch bemalte Plexiglasscheiben erzeugt, die vor den Projektor gehalten werden.
Weitere Farbstimmungen

Story-Board

Text	Bild
Sprecher: Im hohen Eisgebirge lebte einst der Eiskönig mit seiner wunderschönen Tochter, der Eisprinzessin. Sie wohnten in einem Schloß, das ganz aus Eis gebaut war. Das schimmerte und glitzerte, als ob es aus Silber und Kristall wäre.	
Vor dem Schloß war ein kleiner Eissee, auf diesem lief die kleine Eisprinzessin jeden Abend, wenn der Mond schien, Schlittschuh.	
Wenn die Prinzessin tanzte, sah der König immer zu. Er setzte sich auf einen Sessel aus Eisblöcken.	
Aus dem Eisgebirge kamen die Tiere als Zuschauer.	
Die Prinzessin war aber auch wunderschön in ihrem Kleidchen ganz aus Schnee, das über und über mit Eisblumen besetzt war, und mit dem Krönchen auf dem Kopf.	
Sprecher: Eines Abends, der Mond schien besonders hell, warteten alle darauf, daß die Prinzessin tanze.	
Sie aber machte nur ein paar zögernde Schritte auf dem Eis ... blieb stehen und ließ traurig das Köpfchen hängen. Das sah der König und fragte:	

König: Warum bist du heute abend so traurig?

Sprecher: Da antwortete die Prinzessin:

Prinzessin: Ach, es ist so langweilig, nur die Tiere sehen, wie schön ich tanzen kann. Ich möchte, daß mich auch die Menschen sehen. Ich weiß, daß es bei ihnen große Eisbahnen gibt, die von Scheinwerfern erleuchtet werden. Bei uns scheint immer nur der alte Mond. Ach, lieber Vater, laß mich zu den Menschen.

Sprecher: Der Eiskönig liebte seine Tochter sehr und konnte ihr keinen Wunsch abschlagen. Obwohl er und alle Tiere sehr traurig waren, sagte er:

König: Ich will deinen Wunsch erfüllen und dich zu den Menschen zaubern.

Sprecher: Ehe die Eisprinzessin recht wußte, wie ihr geschah, stand sie in einer großen Halle auf einer spiegelglatten Eisfläche ...

... und viele Scheinwerfer strahlten auf sie herab. Die Menschen in der Halle klatschten begeistert in die Hände ...

... denn sie hatten noch nie eine so schöne Eisläuferin gesehen.

Da fing die Prinzessin an zu tanzen.

Sprecher: Aber schon nach den ersten Schritten wurde es ihr ganz seltsam.

Prinzessin: Oh, was ist mit mir?

Sprecher: Die vielen großen Scheinwerfer waren viel zu warm für eine Eisprinzessin, die nur in Eis und Schnee leben konnte.

Die Eisblumen an ihrem Kleid fingen an zu schmelzen.

Sie erschrak furchtbar.

Prinzessin: O Gott! Nein! Das darf nicht sein! Hilfe! Hilfe! Vater! Schneekönig, hilf mir!

Sprecher: In ihrer Angst rief sie den Schneekönig um Hilfe an.

Er zauberte seine Tochter schnell wieder zurück auf den Eissee im Eisgebirge.

Dort tanzt sie wieder vor den Tieren des Eisgebirges und ist glücklich dabei.

Die Christrose

Ein Schattenspiel für die Kleinen

Figuren:

Rose
Margarite
Glockenblume
Himmelsschlüssel
(Schlüsselblume)
Christusdorn
Passionsblume
Christrose

Engel
Maria
Josef
Krippe mit Kind
Zwei Sprecher

Sprecher 1:
In der Christnacht durften auch die Blumen zur Krippe kommen.

Sprecher 2:
Der Engel hatte auch die Blumen eingeladen, um das Kind zu begrüßen.

Engel:
Seht, ich verkünde euch eine große Freude. Auch euch ist der Heiland geboren. Christus der Herr, in der Stadt Davids. Ihr werdet ein Kindlein finden, in Windeln gewickelt, das in einer Krippe liegt.

Rose:
Wer ist Christus, der Herr? Weißt du es Christusdorn?

Christusdorn:
Sicher. Christus ist der Sohn Gottes, der als Mensch auf die Erde gekommen ist.

Margarite:
Und wo ist die Stadt Davids? Da müssen wir doch hin?

Christusdorn:
Das ist die Stadt Bethlehem.

Glockenblume:
Warum kommt er auf die Erde? Weißt du das Himmelsschlüssel?

Himmelsschlüssel:
Weil er der neue König der Menschen ist.

Glockenblume:
Da werden sich die Menschen aber freuen!

Sprecher 2:
Plötzlich wurde es still. - - Die Passionsblume senkte ihren Kopf und sprach traurig:

Passionsblume:
Viele Menschen werden den neuen König lieben. Viele aber werden ihn hassen und töten.

Rose: (erschrocken)
O Gott! Laßt uns sofort hineilen und das Kind beschützen.

Glockenblume:
Ja, genau! Laßt uns nach Bethlehem pilgern.

Margarite:
Schnell, hüllt euch in eure grünen Mäntel. Die Nacht ist kalt.

Himmelsschlüssel:
Wir sollten nicht vergessen, eine Gabe mitzunehmen.

Glockenblume/Margarite:
Richtig! Jeder bringt dem Kind ein Geschenk mit.

Sprecher 1:
Voller Begeisterung für das Kind, hoben sie nun ihre Wurzeln aus dem Boden - die Rose, die Margarite, die Glockenblume, der Christusdorn, die Passionsblume und viele, viele andere bunte Blumen - und machten sich auf den Weg zum Kind.

Sprecher 2:
Als sie vor dem Stalle standen, war da ein Meer von bunten Blumen und Blüter zu sehen. Maria, Josef und das Jesuskind kamen aus dem Staunen nicht mehr heraus.
Maria:
Schau nur, Josef! Ich meine fast, alle Blumen aus der ganzen Welt sind zur Geburtstagsfeier des Jesuskindes gekommen.
Josef:
Die Schätze aus Gold und Edelsteinen der Fürsten können nicht schöner sein. Schau nur, Maria, sie haben sogar Geschenke mitgebracht.
Glockenblume:
Ich läute die Geburtstagsfeier ein.
Rose:
Ich bringe dem Kind einen Kelch, angefüllt mit köstlichem duftendem Rosenwasser.
Margarite:
Ich bringe dem Kind den schönsten vielstrahligen Stern, der über seinem Leben hell leuchten soll.
Himmelsschlüssel:
Ich lege dem Kind die Schlüssel des Himmels zu Füßen.
Maria:
Schau nur Josef, sie bringen auch Dinge, die wehtun.
Christusdorn:
Ich schenke dem Kind die purpurnen Dornen für eine Dornenkrone.
Passionsblume:
Ich lege dem Kind stahlblaue Lanzen und rote Nägel in die Krippe.
Josef:
Wir danken euch für alles.
Maria:
Das Gotteskind sieht alles. Seht nur, wie es lächelt.
Sprecher 1:
Es segnete die kleinen Pilger und ihre Gaben und entließ sie.
Sprecher 2:
Bald hatten alle Blumenpilger Abschied genommen und sich wieder auf den Rückweg begeben. --- Nur noch eine Blume stand allein vor der Krippe.
Sprecher 1:
Als einzige war sie weiter hergekommen als alle. Ihre Heimat war auf den hohen Bergen. Und sie blühte, wenn der Schnee schmolz.
Sprecher 2:
In den Händen hielt sie eine große, dunkelrote Glocke. Der goldene Klöppel schwang hin und her. Und ein milder, warmer, voller Ton klang daraus hervor.

(Eine Glocke ertönt.)

Sprecher 1:
Die Blume hatte über dem Anschauen des Christkindes den Heimweg fast vergessen.
Sprecher 2:
Und plötzlich fielen große dicke Flocken hernieder und breiteten eine dicke Schneedecke über die Erde.
Josef:
Schau, Maria, die Bergblume steht immer noch da im tiefen Schnee.
Maria:
Die rote Glocke sieht aus wie ein Blutfleck.
Josef:
Und jetzt! - - Das Christkind hebt den Kopf.
Maria:
Es haucht seinen Atem zur Blume hin.
Josef:
Sieh nur! Die Blume!
Maria:
Jetzt ist sie weiß - - wie der festliche Weihnachtsstern.

Sprecher 1:
Christrose heißt die Blume.
Sprecher 2:
Sie blüht in der Weihnachtszeit für alle Menschen, die sich auf die Ankunft des Christkindes freuen.
Sprecher 1:
Wie heißt es doch in einem unserer schönsten Weihnachtslieder?
Sprecher 2:
Es ist ein Ros' entsprungen, aus einer Wurzel zart.

(Als Abschluß kann das Lied gesungen werden.)

1. Es ist ein Ros entsprungen
aus einer Wurzel zart,
als uns die Alten sungen: von Jesse kam die Art
und hat ein Blümlein bracht
mitten im kalten Winter
wohl zu der halben Nacht.

2. Das Röslein, das ich meine,
davon Jesaias sagt,
ist Maria die reine,
die uns das Blümlein bracht.
Aus Gottes ewgem Rat
hat sie ein Kind geboren
und blieb ein reine Magd.

3. Das Blümlein so kleine
das duftet uns so süß;
mit seinem hellen Scheine
vertreibts die Finsternis:
wahr' Mensch und wahrer Gott,
hilft uns aus allem Leide,
rettet von Sünd und Tod.

4. »O Jesu, bis zum Scheiden
aus diesem Jammertal
laß Dein Hilf uns geleiten
hin in den Freudensaal,
in Deines Vaters Reich,
da wir Dich ewig loben.
O Gott, uns das verleih.«

Melodie: Speierisches Gesangbuch Köln 1599;
Text Strophen 1 und 2: bei M. Praetorius 1609,
Strophe 3 und 4: bei Friedrich Layriz 1844

Der Krippenreigen

Tanzspiel

Das folgende Lied ist nach der bekannten Melodie "Dornröschen war ein schönes Kind..." zu singen. Als Requisiten benötigen die Kinder eine Puppe und verschieden farbige bunte Tücher, die beim Reigen fröhliche Farbtupfer darstellen und schließlich als Geschenke für das Christkind Verwendung finden.

Text

1. Das Christkind ist ein liebes Kind,
   liebes Kind, liebes Kind.
   Das Christkind ist ein liebes Kind,
   liebes Kind.

2. Maria hält es warm im Arm, warm im Arm,
   warm im Arm.
   Maria hält es warm im Arm, warm im Arm.
3. Herr Josef hat das Christkind lieb ...
4. Die Hirten wachen auf dem Feld ...
5. Am Himmel strahlt ein heller Stern ...
6. Der Engel singt: "Kommt alle mit!" ...
7. Die Hirten eilen hin zum Stall ...
8. Die Hirten knien vor'm Jesuskind ...
9. Sie legen ihm Geschenke hin ...
10. Das Christkind lächelt und ist froh ...
11. Da freu'n sich alle Menschen sehr ...

Aktionen

Ein Kind hebt eine Puppe hoch. Die anderen Kinder umkreisen es im Ringelreihen.

Das Kind wiegt die Puppe im Arm. Die anderen Kinder gehen weiter im Reigen.

Ein Junge oder Mädchen streichelt das Christkind. Alle Kinder setzen sich auf den Boden.
Sie zeigen zum Himmel.

Ein Kind erhebt sich und singt als Engel.
Die Kinder gehen hintereinander.
Sie knien sich hin.

Sie legen ihre bunten Tücher vor die Krippe.
Ein Kind hebt die Puppe hoch.

Alle Kinder klatschen und gehen im Kreis.

Bei Bedarf können weitere Strophen ergänzt werden, so z.B.:
Da kommen die drei Könige ... / Der erste bringt dem Christkind Gold ... / Der zweite legt ihm Weihrauch hin ... / Der dritte gibt ihm Myrrhe noch ...

Alfons Schweiggert

Der Wolf an der Krippe

Ein Friedensspiel

Es spielen mit:

4 Hirten
Simon, ein alter Hirte
Micha, ein Hirtenjunge
Wolf
Hund — mit Halbmasken
Maria
Josef
Engel
Schafe

Requisiten:

Krippe mit Kind
Hirtenfeuer
Felle

Brot
Bündel

Spielverlauf:

1. Szene

Dunkle Bühne, auf der die Hirten um ein kleines Lagerfeuer lagern. Auf einmal wird es taghell.

Hirten: (erschrocken)
Was ist jetzt los?

Engel:
Fürchtet euch nicht! Ich verkünde euch eine große Freude. Heute wurde der Heiland geboren, Christus der Herr, der aller Welt den Frieden bringen wird. Gehet hin nach Bethlehem, und ihr werdet das Kindlein sehen.

Hirte 1:
Habt ihr das gehört? Der Heiland wurde heute nacht geboren, der der Welt den Frieden bringen wird.

Hirte 2:
Kommt, wir gehen sofort hin.

Hirte 3:
Frieden für alle wird es geben?

Hirte 4:
Laßt uns das Kind suchen, damit wir ihm danken.

Hirte 3:
Wir müssen ihm aber ein Geschenk mitbringen. Unser schönstes Lamm ist für das Kind gut genug.

Simon:
Seid ihr alle soweit, dann kann es losgehen.

Micha:
I c h bleibe bei den Schafen. Wir können sie doch nicht alleine lassen.

Hirte 1:
Hast du nicht gehört? A l l e gehen zum Kind.

Micha:
Ihr selbst habt mir beigebracht: Ein Hirte läßt seine Schafe nie allein. Ein Wolf könnte kommen oder ein Bär ...

Simon:
... in dieser Nacht ist alles anders. Du kannst ruhig mitkommen,. nach Bethlehem. Keiner wird unseren Schafen etwas antun.

Micha:
Nein, ich bleibe hier. Nicht einmal das Kind kann das von mir verlangen.

Hirte 2:
Der Engel hat uns doch die Botschaft vom Frieden gebracht. Jetzt wird alles anders werden.

Simon:
Laßt ihn! Er kann ja nachher das Kind besuchen.
Hirte 3:
Die Nacht ist taghell und sternenklar. Es ist kalt. Hülle dich in die Felle ein. Der Hund hält mit dir Wache.
Micha:
Geht nur. Ich habe keine Angst.

(Die Hirten packen ihre Geschenke ein, nehmen ihre Bündel unter den Arm und machen sich auf den Weg.)

2. Szene

Micha sitzt am Feuer in Felle gehüllt, einen Stock in der Hand, neben ihm liegen dichtgedrängt einige Schafe und der Hund. Ein Schatten huscht vorbei.

Hund: (hebt den Kopf)
Micha:
Was ist Karo? Wer da?
Hund: (unruhig)
Wolf: (umkreist das Feuer und die Herde)
Micha:
Aha! Karo, wir bekommen Besuch. Hab ichs doch gewußt.
Wolf: (kommt näher)
Micha:
Merkwürdig, daß die Schafe nicht unruhig werden.
Hund: (steht langsam auf)
Micha: (wundert sich)
Karo, warum tust du nichts? Pack ihn! Spring! Es ist ein junger Wolf. (nimmt seinen Stock fester in die Hand)
Wolf:
Keine Sorge, Micha. Ich habe nichts Böses im Sinn. Heute nacht habe ich mit allen Lebewesen Frieden geschlossen.
Micha: (mißtrauisch)
Wirklich? Meinst du es gut mit uns oder schwindelst du mich an?
Wolf:
Du kannst mir schon glauben. In dieser Nacht ist alles anders.
Micha: (nachdenklich)
Komisch, das hat der alte Hirte Simon auch schon gesagt.
Wolf:
Was murmelst du da vor dich hin? Mißtraust du mir immer noch? Schau doch, deine Lämmer werden gar nicht unruhig!
Micha: (schaut sich um)
Stimmt! - - Nun gut, ich vertraue dir und nehme dein Friedensangebot an. (reicht ihm die Hand)
Wolf: (reicht ihm die Pfote)
Gut, Micha, du wirst es nicht bereuen. (sie schütteln sich die Hände)
Aber nun habe ich einen Riesenhunger. Hast du vielleicht irgendetwas Eßbares für mich?
Micha: (zögernd)
Jaaa. Ich schenke dir meinen Laib Brot. Das ist zwar die Verpflegung für die nächste Woche. Aber ... ich teile mit dir. Da! Nimm! Du hast den größeren Hunger! (gibt ihm den halben Laib)
Wolf:
Danke Micha, du bist ein guter Junge. (ißt; nach einiger Zeit) Komm, ich will zum Kind. Gehst du mit?

Micha: (erstaunt)
Du willst mich zum Kind führen? --- Das Kind wird vor dir erschrecken.

Wolf:
Nein, nein! Du weißt doch. Es wird sein wie im Paradies. Friede für alle, die guten Willen haben.

Micha:
Nun gut, aber ...

(Die anderen Hirten kommen von rechts)

Micha:
Ach, da seid ihr ja!

Simon:
He, Micha, siehst du? Das Tier ist friedlich und gut zu dir.

Micha: (lacht)
Ich habe ihn mit meiner Brotzeit gefüttert und jetzt besuchen wir gemeinsam das Kind.

Hirte 1:
Gute Idee, Micha. Beeil dich, das Kind wartet schon auf dich.

Micha:
Komm, Karo! Wir gehen zum Kind!

(Micha, der Wolf und der Hund nach rechts ab.)

3. Szene

Micha, der Wolf und der Hund stehen vor der Krippe. Maria und Josef stehen rechts und links der Krippe, in der das Kind liegt.

Micha: (staunend)
Dieses kleine Kind soll der König sein, der den Frieden bringt?

Wolf: (zu Micha)
Hier ist es kalt. Maria und Josef sehen nicht aus wie reiche Leute.

Micha:
Wenn ich das geahnt hätte! Die Brotzeit hätte dem Kind bestimmt auch geschmeckt.

Wolf: (zum Hund)
Komm, wir wärmen das Kind und die Mutter.

Maria:
Ist schon gut. Laßt nur. Jeder von euch hat es recht gemacht.

Josef:
Vertragt euch. Seid gut zueinander. Das freut das Kind, dann kann Frieden werden.

Maria: (winkt dem Micha)
Komm her, Micha. (sie legt ihm das Kind für einen Augenblick in den Arm)

Micha: (schaut das Kind an)
Ja, ich spüre es. Ja - du bist es. Du bist der Herr, der den Frieden bringt.

Maria: (nimmt das Kind zurück)

Micha: (traurig)
Schade, ich habe nichts mitgebracht. Mit (zeigt seine Hände) leeren Händen stehe ich vor dem Kind.

Maria:
Du hast mit dem Wolf dein Brot geteilt. Und es ist gut so. Vergiß das nicht.

(Wolf, Hund und Micha geben sich die Hände)

Lied

Das unsichtbare Geschenk

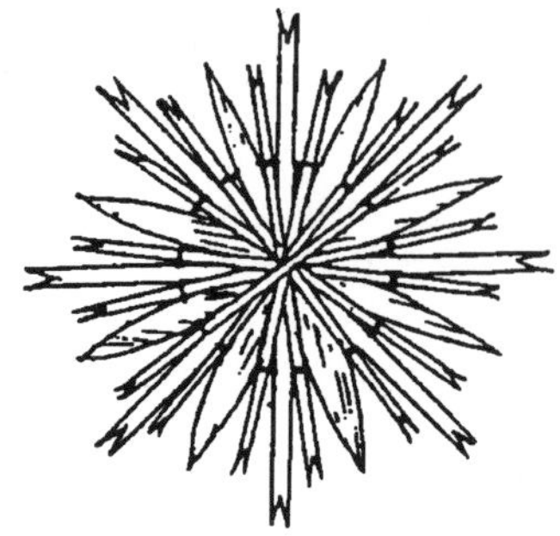

Personen:

Vater Haberkorn
Mutter Haberkorn
Oma

Kerstin, 14 Jahre
Harald, 12 Jahre
Carola, 8 Jahre
Andi, 6 Jahre

Sprecher:
Familie Haberkorn feiert Heilig Abend. Mutter Haberkorn hat Oma ebenfalls eingeladen. Alle singen gerade ein Weihnachtslied und dann soll die Bescherung folgen.

(Krippenlied)

Ein großer Geschenkberg türmt sich in der Mitte der Bühne auf - bestehend aus Päckchen etc.

Vater:
Zuerst werden die Kinder beschenkt.
Kinder:
Hurra!
Mutter:
Andi, die Eisenbahn ist für dich.
Andi: (stürzt sich wie ein Wilder auf die Eisenbahn)
Vater:
Carola hat sich vom Christkind eine Puppe gewünscht.
Carola:
Ui, danke Papa! (hüpft mit der Puppe im Kreis herum)
Mutter: (hat ein größeres Paket in der Hand; geheimnisvoll)
Das gehört dir, Harald.
Harald: (erstaunt)
Nanu, was ist denn das? (setzt sich auf den Boden und beginnt das Paket aufzureißen. Die anderen schauen neugierig zu. Harald packt einen Radiorecorder aus) Stark! Den hab ich mir schon lange gewünscht. (er schaltet gleich Popmusik ein, so daß die Stimmung ansteigt)
Vater:
Und dieses Paket ist für Kerstin!
Kerstin: (reißt ebenfalls sofort das Paket auf und zieht ein Kleid heraus, sofort schreit sie los)
Was ist denn das? Nein! Nein! Die Farbe gefällt mir überhaupt nicht!
Vater:
Dann tauschen wir es um! Kein Problem!
Kerstin: (schmollt)
Und ich habe mich schon so auf das Kleid gefreut. (heult)
Carola:
Und jetzt kommen die Erwachsenen dran.
Kinder:
Genau! (stürmen mit ihren kleinen Geschenken herbei)
Carola: (zur Oma)
Schau, den neuen Kaffeeuntersetzer, den kannst du doch bestimmt gut brauchen.
Oma:
Natürlich! Natürlich! Süß!
Harald: (zu Papa; bringt ein großes Gestell)
Vater:
Was ist denn das?
Harald:
Ein Standaschenbecher! Schau. Da habe ich einen schönen Stock genommen und den habe ich schön geschnitzt. Dann habe ich oben einen Aschenbecher festgemacht und unten einen Ständer dran befestigt. Und den kannst du neben deinen Sessel stellen.

Vater:
Hmhm! Kann ich gut gebrauchen. Gestern habe ich das Rauchen aufgegeben.
Andi: (zu Mama)
Und ich habe für Mama mein schönstes Bild gemalt.
Mutter:
Uiii, Andi, du bist ja ein Künstler. Das hänge ich gleich in meiner Küche auf.
Kerstin: (zu Papa)
Und ich habe für Papa einen Schal gestrickt. Der ist so lang, daß du ihn dreimal um den Hals wickeln kannst. Dann kriegst du nie mehr Halsweh.
Vater: (staunt)
Toll! Kerstin!
Oma: (zu Mutter)
So und jetzt komme ich dran. (hält ihr die leeren Hände so entgegen, daß es aussieht, als ob auf ihnen etwas liegen würde)
Liebe Mariella, ich schenke dir etwas, was ich noch nie jemand anderem geschenkt habe.
Andi: (ruft dazwischen)
Aber Oma, du hast das Geschenk vergessen!
Oma:
Nein! Nein! Mein Geschenk ist nämlich unsichtbar, aber nur für dumme Menschen, die keine Augen im Kopf haben.
Carola: (ruft dazwischen)
Ich sehe es!
Harald:
Oma macht einen Witz!
Kerstin: (zu Harald)
Du bist dumm!
Oma:
Du, liebe Mariella, und ihr alle anderen seid ja klug, so daß ihr mein Geschenk sicher gut sehen könnt. Deshalb kann ich es dir sorglos anvertrauen.
Mutter: (nickt erfreut; nimmt vorsichtig das unsichtbare Geschenk in Empfang)
Danke, Oma!
Carola:
Schau doch, Mami. So ein süßes Geschenk. Wie geschmackvoll es Oma ausgewählt hat.
Mutter: (nickt wieder)
Es ist das schönste GESCHENK von allen.
Kerstin: (nachdenklich zu Oma)
Du Oma, gell, nächstes Weihnachten bringst du mir auch ein unsichtbares Geschenk.
Kinder: (schließen sich an)
Mir auch! Mir auch!
Oma: (bescheiden lächelnd)
Ich werde sehen, was sich da machen läßt.

Alfons Schweiggert
(als Theaterstück geändert und gestaltet von Franz Xaver Riedl nach der Erzählung "Das unsichtbare Geschenk")

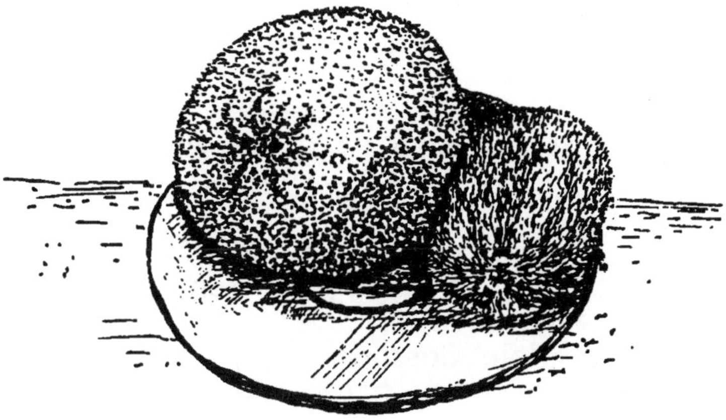

Das Weihnachtszimmer

Karin: (reißt die Türe auf, bleibt im Türrahmen stehen)
O Gott, was ist denn hier los? (tritt auf den Berg Geschenkpapier zu)
Wer wirft denn das schöne Geschenkpapier weg? Alles zerrissen und zerfetzt! Die reinste Umweltverschmutzung! (schreit ihrer Schwester Susi)
Susi! (kommt) Weißt du, wer hier so gehaust hat?

Susi:
Nein! Das war aber gestern abend nicht!

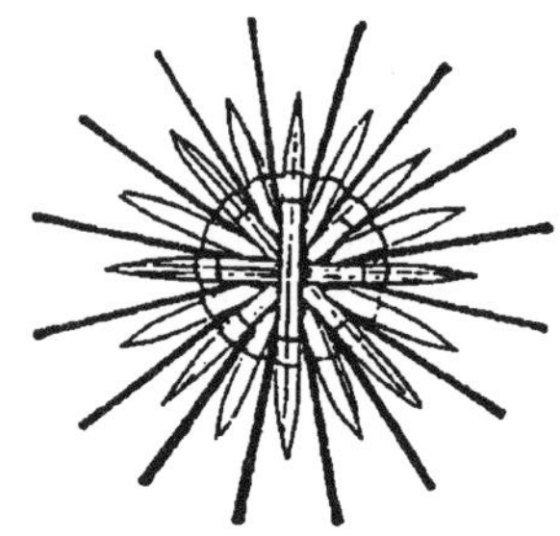

Karin:
Wo sind denn meine Bücher?

Susi:
Vielleicht hat Mutti vergessen aufzuräumen.

Karin:
Bestimmt haben Alex und Uli wieder rumgealbert.

Susi:
Ich finde meine neuen Rollschuhe auch nicht. In diesem Chaos soll man sich auskennen?

Karin: (schreit)
Ja, um gotteswillen. Schau dir das einmal an! Plätzchenreste, Schokoladeschachteln, Mandarinenschalen auf meinem neuen Buch! Unverschämt! Wer macht denn so etwas?

Susi:
Und hier! Dattelnschachteln, halbleer, mit ausgespuckten Kernen! Pfui Teufel!

Karin:
Komm, wir gehen. I c h habe mein Buch. Alles andere geht mich nichts an! Hast du deine Rollschuhe?

Susi: (schaut rum)
Nnnnein! (springt los) Doch! Hier sind sie! (zieht die Rollschuhe unter einem riesigen Schlauchboot hervor)
Die hat mir bestimmt der Papa gestern abend versteckt. Der hat doch immer nur Blödsinn im Kopf. Ich gehe jetzt zum Rollschuhlaufen.

Karin:
Und ich verziehe mich zum Lesen in mein Zimmer.
(beide ab)

Alexander: (reißt die andere Türe auf; mit seinem Freund Uli)
Komm her, Uli. Ich zeige dir meine neue Eisenbahn. (bleibt plötzlich stehen, als er den Verhau sieht)
Ja, wo ist sie denn?

Uli: (bleibt unschlüssig mittendrin stehen)
Ist das euer Weihnachtszimmer?

Alexander:
Ja, warum?

Uli:
Weil ... weil ... es hier wie auf einem Schlachtfeld aussieht.

Alexander: (schaut sich um)
Schlachtfeld? (schaut sich immer noch um)
Schlachtfeld? Das ist unser Weihnachtszimmer. Das sind unsere Weihnachtsgeschenke ...

Uli:
Weihnachtszimmer? Weihnachtsgeschenke? Na ja. Wo ist denn dann deine neue Eisenbahn?

Alexander:
Ach ja, die neue Eisenbahn. -- Hilfst du mir mal suchen?

Uli: (steigt auffallend vorsichtig mit großen Schritten über herumliegende Puppen, Bücher, Papierberge, Schlitten usw.)
Das Christkind hat euch aber viele Geschenke gebracht? So viele, daß man gleich gar nicht mehr weiß, wo man zuerst hinschauen soll.

Alexander:
Stimmt! Wir haben gestern abend zwei Stunden lang bloß ausgepackt. Das war vielleicht spannend!

Uli: (wäre beinahe gestolpert. Zieht dann eine lange Leitung unter dem Verhau heraus)
Gehört das zu deiner Eisenbahn? (zieht immer noch)

Alexander: (lacht)
Nnnnein! (ärgerlich) Laß das! Das ist von Vaters neuer Stereoanlage. Die Lautsprecherboxen müssen erst eingebaut werden. (murmelt) Wo ist denn bloß meine Eisenbahn?

Uli: (betrachtet nachdenklich die leeren Flaschen, die halbleeren Weingläser und Plätzchenschalen auf dem Tisch)
Da war bei euch gestern abend ganz schön high life?

Alexander:
Wie meinst du das "high life"?

Uli:
Nun ja, ich meine, Stimmung und so.

Alexander: (lacht)
Vati war gestern abend ganz schön in Fahrt. Der hat immer wieder versucht, die Stereoanlage an die Wasserleitung anzuschließen.

Uli: (lacht höflich)

Alexander:
Und zum Schluß haben wir uns alle ins Schlauchboot gesetzt und "Stille Nacht" gesungen.

Uli: (schaut in das Schlauchboot)
Im Schlauchboot? Du Alex, da liegen ja die Schienen, Wagen und Loks!

Alexander:
Wer wirft denn meine neue Eisenbahn so herum? Das waren bestimmt wieder diese blöden Weiber! (packt die Schienen, gibt Uli einen Teil)
Komm, hilf mir!

Uli: (fragend)
Und? - Hier ist doch kein Platz!

Alexander:
Wir flüchten in mein Zimmer!
(beide ab)

(Beide steuern gerade zur Türe, als sich die andere Türe öffnet und Vati hereintritt, im Morgenmantel, ungekämmt, mit zerrauftem Haar, gähnend)

Uli: (höflich)
Guten Morgen, Herr Wanner!

Alexander: (lachend)
Guten Morgen, Vati.

Vater: (brummend)
Guten Morgen. Wißt ihr, wo meine Zigaretten sind?

Alexander: (schnell)
Nein! Vati, die weiß ich beim besten Willen nicht.

Uli: (hilfsbereit)
Aber ich, Herr Wanner, ich glaube die liegen dort auf dem Tisch in der Plätzchenschale.

Vater: (schaut sich hilflos um)
Wo? Könnt ihr mir mal suchen helfen?

Alexander:
Du, Vati, ich habe gerade die Hände voll. Wir müssen meine Eisenbahn aufbauen. Komm, Uli, wir gehen.

Uli:
Dort, Herr Wanner, auf dem Tisch liegt eine Schachtel.

Vater:
Ist schon gut, Uli.

(Beide durch die rechte Tür ab.)

Vater: (steht mitten im Chaos und gähnt)
Wo bloß meine Zigaretten wieder sind? (dreht um und will durch die linke Türe hinaus, dabei murmelt er) Wo bloß meine Zigaretten wieder sind? (nach einigen Schritten) Wo hat denn meine Frau die Zigaretten wieder hingelegt?
Mutter: (stößt mit Vater in der Türe zusammen)
Vater, suchst du etwas?
Vater:
Ja, meine Zigaretten!
Mutter:
Ach, Vater, die hast du gestern abend alle in die Luft geblasen. Schau doch, der ganze Aschenbecher ist voller Stummel.
Vater:
In die Luft geblasen?
Mutter: (schaut sich um)
O je! Was gestern abend vor der Bescherung so schön und festlich aufgebaut war, liegt jetzt überall verstreut herum. Merkwürdig, daß dieses Chaos gestern abend nicht aufgefallen ist!
Vater: (brummt)
Ich gehe zum Automaten und hole mir eine Schachtel Zigaretten. (ab)
Mutter: (ruft ihm nach)
Aber zieh dich doch erst an und rasiere dich.
Vater: (von hinten)
Ja, ja! (Man hört die Haustüre ins Schloß fallen)
Mutter:
Und jetzt? (kratzt sich hinterm Ohr) Jetzt beginnt der Kampf.
Susi: (stürmt herein)
Mutti, weißt du, wo meine neue Puppe ist?
Mutter: (zeigt)
Dort liegt sie doch!
Susi: (holt sie und eilt fort)
Danke, Mutti!
Alexander: (stürmt herein)
Mutti, weißt du, wo der Bahnhof ist?
Mutter: (zeigt)
Dort steht er doch!
Alexander: (holt ihn und eilt fort)
Danke, Mutti!
Karin: (stürmt herein)
Mutti, weißt du, wo mein neuer Schianzug ist?
Mutter: (zeigt)
Dort hängt er doch!
Karin: (nimmt ihn und eilt fort)
Danke, Mutti!
Mutter: (zu sich)
Auf diese Weise werden wenigstens die Geschenke weggeräumt. (hebt einige Nußschalen vom Teppich auf) Komisch, warum sieht außer mir niemand, daß Nußschalen auf dem Teppich liegen.
Susi/Karin: (mit Rollschuhen und Schianzug)
Mutti! Mutti! Den Weihnachtsbaum lassen wir doch noch stehen!
Mutter:
Der nadelt doch schon!
Susi/Karin:
Aber an Silvester zünden wir die Kerzen noch einmal an!
Mutter:
Na gut, wenn ihr meint.
Karin:
Aber der Riesenpapierberg muß bis dahin noch weg.
Susi:
Das ist nämlich - (beide) Umweltverschmutzung!
Mutter:
Gott sei Dank, dann wird aus dem Weihnachtszimmer wieder ein schönes Wohnzimmer!

E n d e

Die Kinder und die sprechenden Tiere

Ein Krippenspiel für die ganze Klasse

Es spielen mit:

10 Kinder
oder auch mehr
10 Tiere:

Kuh	Gans
Hund	Igel
Bär	Maus
Pferd	Wolf
Hase	Hirsch

Requisiten:

Laterne
Tiermasken oder -köpfe
Stöcke
Felle etc.
kleiner Krug mit Milch

Zu Beginn singen die Kinder ein passendes Krippenlied: z.B. "Ihr Kinderlein kommet".

2. Kind: O könnt ich doch auch die Krippe sehn,
ich würde gerne mit euch gehn.
Aber ich fürcht mich in der finstern Nacht.

4. Junge: (ein Größerer)
Von uns wird keiner ausgelacht.
Wir nehmen dich hier in die Mitte.
Du bist bei uns nämlich der Dritte.

3. Kind: Die Nacht ist so kalt und still.
Weil ich trotzdem mitgehn will,
ist meine Jacke dick und warm.
Die schenk ich dem Kind, weil es so arm.

1. Kind: Für den Marsch bin ich bereit.
Hoffentlich ist's nicht sehr weit.

6. Kind: (lacht)
Bist du ein armer, müder Held!
Für dich wird gleich ein Taxi bestellt!

1. Kind: Vielleicht ist die Krippe in der Näh.
O wenn ich doch das Kindlein säh!

9. Kind: Auch wenn der Weg weit und schwer.
Ich freu mich auf das Kindlein sehr
und nehme gern die Müh auf mich,
sag mir, - Anna, freust du dich?

8. Kind: Na klar!
Drum hab ich ein Gedicht studiert.
Eben hab ichs noch probiert.
Meinst du? Könnte ich es wagen
es vor allen aufzusagen?

11 **3. Kind:** Ja, natürlich! Warum denn nicht.
Laß hören das Begrüßungsgedicht.

8. Kind: Da wir auf dem Wege zu dir sind,
hoffen wir, es möcht' gescheh'n,
daß wir dich, du göttlich' Kind,
endlich drin in der Krippe seh'n.

Da wir voll Glauben zu dir sind,
bitten wir, es möcht' gescheh'n,
daß wir mit dir, du göttlich' Kind,
auf dieser Welt nur mit dir leb'n.

Alle: (klatschen begeistert)

5. Kind: Damit die Feier kann gelingen,
sollten wir ein Liedlein singen.

Alle: (durcheinander)
Richtig! Ein Lied! Ein Lied!

5. Kind: Wir singen ihm ein Weihnachtslied.
So gut er kann, singt jeder mit.

4. Junge: Nicht zu laut und nicht zu leise
singen wir die Weihnachtsweise.

10. Kind: (weinerlich)
O je, o je, was fange ich jetzt an,
da ich doch gar nicht singen kann.
Ihr habt es gut, ihr singt so schön.
Ich muß beim Kindlein stumm dastehn.

4. Junge: Weine nicht! Frisch zugepackt.
Komm her! Schlag du den Vierertakt!

10. Kind: (zählt) 1 - 2 - 3 - 4!

Alle: (setzen mit dem Lied ein)

10. Kind: (schlägt den Takt dazu)

6. Kind: Jetzt sollten wir eine Laterne anzünden,
damit wir besser den Weg hinfinden.

5. Kind: Hier - ich habe für die dunkle Nacht
gleich meine Laterne mitgebracht.

4. Junge: Genau - du gehst voran,
damit sich keiner verirren kann.

2. Kind: (ängstlich)
Ja - ja - ja! Komm, mach hell!
Bitte - bitte - auf der Stell!
Ich fürchte mich so sehr.
Vielleicht kommt sogar ein Bär!

Einige: (lachen)
Ein Bär! Ein Bär!
Woher!? Woher??

2. Kind: (zeigt aufgeregt)
Von dort! Von dort!
Aus diesem dunklen Ort!

4. Junge: Ein Bär? Du spinnst. Hasen und Reh,
hüpfen meistens übern Schnee.

12 **7. Kind:** Wißt ihr nicht? Das Christkind macht,
daß Tiere reden in dieser Nacht.
Sie hör'n uns zu und wir verstehn,
was sie sagen, wenn wir zum Kinde gehn.

1. Kind: Du bist ein seltsamer Wicht,
dein Märchen glaubst du selber nicht.
Wilde Tiere bleiben wild.
Das ist doch ein uraltes Bild.

7. Kind: Doch ich kann euch schwören,
man kann die Tiere reden hören.
Heut nacht herrscht Frieden und Ruh.
Frag doch einmal diese Kuh.

4. Junge: Was sagst du uns in dieser Nacht,
da Maria das Christkind gebracht?

Kuh: Ich schick dem Kindl liebe Grüße.
Bringt ihm doch die Milch, die süße,
in diesem Krüglein. Es ist voll,
was dem Büblein schmecken soll.

13. Kind: Und dort der Hund in seiner Hütte,
Was hat er für eine Bitte?

Hund: Laßt mich doch mit euch gehn!
Ich möcht doch auch das Kindlein sehn.
Bei mir seid ihr in guter Hut.
Denn meine Nase ist sehr gut,
mit der ich den Weg sicher finde
hin zum Stall zum Christuskinde.

7. Kind: Der Weg ist gut und manchmal schlecht.
Seine Begleitung ist uns recht.

2. Kind: O Gott! Schaut hin! Da kommt daher
der dicke, braune Zottelbär!
(versteckt sich)

Bär: Hab keine Angst! Du bleib doch hier!
Paß auf, ich verspreche dir:
Ich tanze für das Christuskind.
Macht ihr Musik, nicht zu geschwind.

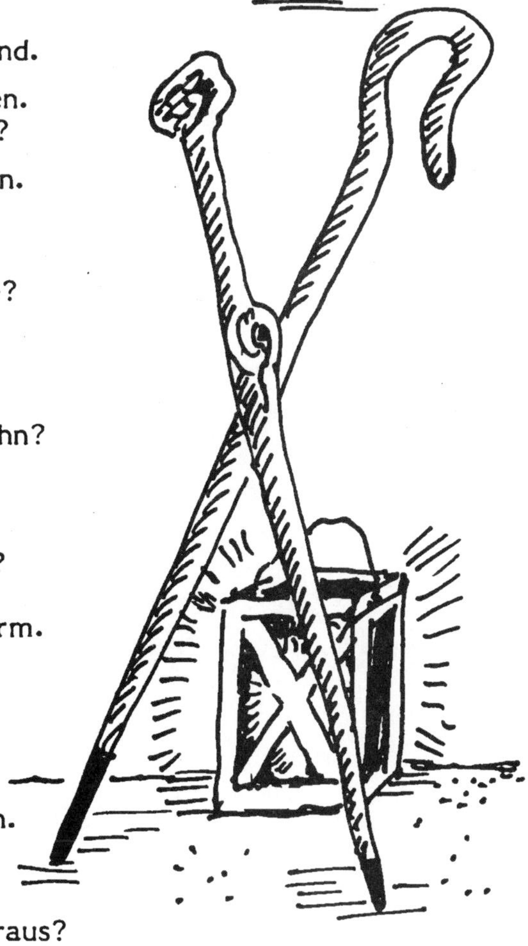

6. Kind: Und das Pferd? Das ist zum Lachen.
Was will es an der Krippe machen?

Pferd: Ich werde es in die Welt raustragen.
Das will ich dem Kindlein sagen.

8. Kind: Ui, so schaut der flinke Hase!
Was schnuppert er mit seiner Nase?

Hase: Unterm Eis und unterm Schnee
spüre ich den grünen Klee.
Viele Lichter habe ich gesehn.
Ist vielleicht was Besonders g'schehn?

10. Kind: Und die Gans läuft so geschwind.
Willst du auch zum Jesuskind?

Gans: Wollt ihr mir den Gang verwehren?
Ich will auch das Kindlein ehren.
Das Kindlein friert, daß Gott erbarm.
Meine Federn halten warm.

3. Kind: Und dort das runde Stacheltier!
Was will denn dieser Igel hier?

Igel: Meine Stacheln ziehe ich ein,
daß sie nicht stechen das Kindelein.
Dann kann ich mich besser traun
und das Christuskind anschaun.

9. Kind: Wer kommt denn aus der Scheune raus?
Das ist ja eine kleine Maus!

Maus: Ihr Kinder, hört mich an: Ich denk,
ich bring dem Kindlein ein Geschenk.
Es mag bestimmt und sicher gern
ein Säcklein mit süßen Haselkern.

8. Kind: O Gott! Kinder, jetzt ist alles aus.
Der böse Wolf! Lauft schnell ins Haus!

Wolf: (beruhigt)
Habt keine Angst! Lauft nicht davon!
Ich will doch auch zu Gottes Sohn,
der Frieden bringt auf diese Erden.
Auch durch mich soll Frieden werden.

6. Kind: Schaut da! Ein Hirsch! Dort gleich dahinter!
Jetzt mitten in dem strengen Winter!

Hirsch: Ich ziehe mit euch - gleich geschwind
in dieser Nacht zum Jesuskind
und neige meine hohe Krone
an der Krippe vor Gottes Sohne.

4. Junge: Zur Krippe ziehen alle gern.
Seht ihr dort den Weihnachtsstern?
Dort müssen wir jetzt alle hin.
Auf! Laßt uns nun zum Kindlein ziehn.

(Die Kinder beginnen ein passendes Krippenlied und gehen singend über die Spielfläche im langen Zug ab.)

Franz Xaver Riedl

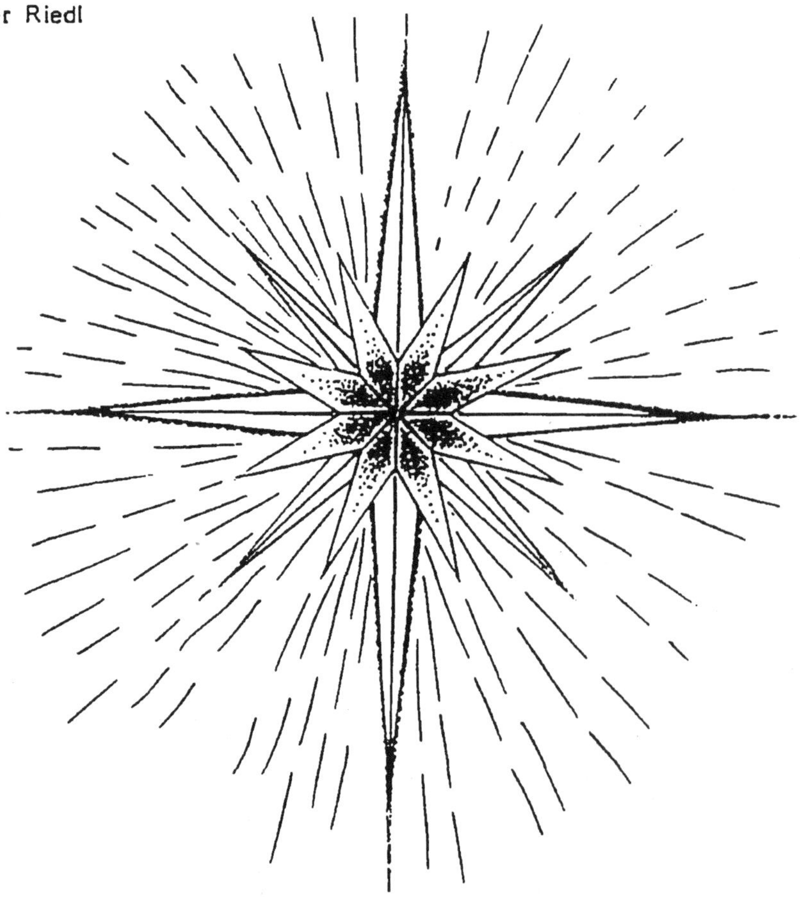

Franziskus feiert Weihnachten

Eine einfache, aber innige Weihnachtsfeier für eine ganze Klasse nach historischen Unterlagen

Personen:

Franziskus
Johannes, sein Freund
Bruder Leo
Bruder Masseo
Bruder Pietro
5 Bürger und Bürgerinnen
1. und 2. Bauer
1. und 2. Bäuerin
1. und 2. Hirtin
Hirte
1., 2., 3. und 4. Bruder
zwei Erzähler

Requisiten:

Holzkrippe
Heu- und Strohbündel
Fackeln
Kerzen
4 kleinere Fichten

Ochse (zwei Kinder)

Esel (zwei Kinder)

1. Szene
Franziskus und die Brüder

Bruder Leo:
Franziskus, Weihnachten steht vor der Tür und das ist dein Lieblingsfest. Die Bürger der Stadt bereiten sich schon vor.

Franziskus:
Ja, ja, Bruder Leo, ich weiß. Aber ich muß mich wundern, daß die Bürger, die sich Christen nennen, das Fest nicht sinnvoller feiern.

Bruder Pietro:
Warum sinnvoller feiern? Franziskus, das verstehe ich nicht.

Franziskus:
Pietro, sie sollten das Fest so feiern, daß man ihnen den Namen glaubt, der an diesem Tage der Welt erschien.

Bruder Leo:
Aber sie feiern doch Jesu Geburtstag!

Franziskus:
Jaja, freilich! Ich will es anders feiern und alle, die mit dem Herzen dabei sind, sollen sehen ... und erfahren ... und bewegt werden.

Bruder Masseo:
Du ... willst eine ... Feier ... eine richtige ...

Franziskus:
... Krippenfeier, Bruder Masseo.

Die drei Brüder:
Du willst eine Krippenfeier abhalten?

Bruder Pietro:
Ich dachte, du willst zu Weihnachten wieder zu den Aussätzigen gehen?

Franziskus:
Das werde ich wohl, Bruder Pietro. Trotzdem - ich will Weihnachten würdiger begehen.

Bruder Masseo:
Wie und was soll da geschehen?

Franziskus:
Was berichtet die Heilige Schrift über die Geburt Jesus? Bruder Leo lies vor!

Bruder Leo: (liest die entsprechenden Stellen vor)

Franziskus:
Gut! - Wir werden also in einem Stall im Walde von Greccio die Geburt des göttlichen Kindes erleben. Ich habe meinen Freund Johannes bereits in meinen Plan eingeweiht.
Bruder Pietro: (erstaunt)
Du hast ... deinem Freund Johannes ... schon alles erzählt ...?
Bruder Leo:
Der reiche - vornehme Bürger von Assisi - -----?
Franziskus:
... wird uns unterstützen. Geh, Bruder Leo, und rufe ihn, damit wir alle Einzelheiten besprechen können.
Bruder Leo:
Wie du wünschst. Ich eile, Vater Franziskus. (ab)

2. Szene

Die Bürger von Assisi

1. Bürger:
Habt ihr schon gehört, Franziskus hat sich ein neues Gesetz ausgedacht?
2. Bürger:
Ein neues Gesetz? Der Franziskus?
5. Bürger: (hört aufmerksam, aber wortlos zu)
1. Bürger:
Nach diesem Gesetz sollen wir an Weihnachten den Vögeln Getreide auf die Straßen und Wege streuen.
3./4. Bürger: (lachen)
Er ist ein Narr! Ein Narr!
2. Bürger:
Und warum dieses närrische Gesetz?
1. Bürger:
An diesem Tag sollen die Vögel nicht Hunger leiden müssen, sondern reichliche Nahrung haben können, besonders seine Schwestern, die Lerchen, die er so liebt.
3. Bürger:
Er ist wirklich ein Narr!
4. Bürger:
Tja, er ist der närrische Bruder der Lerchen. (lacht laut auf)
Alle: (stimmen in das Lachen ein und gehen langsam weg; drehen sich aber noch einmal um, hören kurz zu, winken dann aber verständnislos ab und gehen weg.)
5. Bürger: (nachdenklich)
Ich weiß nicht recht. ---- Er denkt wirklich nicht an sich. Und lebt das, was er predigt. (nachdenklich und langsam ab)

3. Szene

Franziskus, Johannes und die Brüder

Die Brüder sind wieder mit Franziskus versammelt. Johannes, vornehm gekleidet, betritt mit Bruder Leo die Bühne.

Johannes:
Hier bin ich, Vater, und stehe voll zu deinen Diensten. (Bruder Leo kommt hinterher)
Franziskus:
Gut! Du weißt, wir wollen im Wald von Greccio Weihnachten feiern.
Johannes:
Ja, ich weiß. Du hast mir von deinem Plan erzählt. Den Leuten in den Dörfern habe ich es bereits angesagt.

Franziskus:
Nun ist es soweit, Johannes. Bitte, richte alles weitere mit viel Liebe her, wie wir es besprochen haben.
Bruder Masseo:
Ich verstehe eigentlich immer noch nicht recht, warum du das alles machen willst, Franziskus.
Franziskus:
Bruder Masseo, du wirst sehen ... und verstehen.
Bruder Masseo:
W a s werde ich sehen?
Franziskus:
Du wirst mit allen Sinnen schauen, welch große Not Jesus schon als Kind leiden mußte. Wie es, umgeben von Ochs und Esel, in der Krippe auf dem Heu lag.
Bruder Pietro:
Mit Ochs und Esel? Aber - d a s steht doch nicht in der Schrift.
Bruder Leo:
Und wo nehmen wir Ochs und Esel her?
Johannes:
Keine Sorge: Ich kümmere mich darum!
Bruder Masseo:
Und die Hirten? Wo kommen die her?
Johannes:
Aus dem Rieti-Tal! Alle, Hirten und Bauern mit ihren Kindern, mit Schafen und Hunden sollen kommen.
Bruder Pietro:
Mitten in der Nacht? Es ist stockfinster. Die Kinder werden sich fürchten.
Franziskus:
Vergiß nicht, Johannes! Die Männer und Frauen sollen Fackeln herstellen, um d i e Nacht hell zu machen. (zu Pietro, Leo und Masseo)
Einige Brüder sollen mit ihren Windlichtern an den Wegen bleiben, um den Leuten das Ziel zu zeigen. --- Geht und ruft die Brüder nach Greccio.
Pietro, Leo und Masseo: (nicken freudig)
Ja, Vater Franziskus. Wir eilen! Die Brüder werden staunen. (eilen freudig davon)
Johannes:
Franziskus, auch ich mache mich ans Werk.
Franziskus: (hält ihn am Arm fest)
Warte, ich verrate dir ein Geheimnis.

Johannes:
Ein Geheimnis?
Franziskus: (geht nach hinten und holt die Krippe)
Johannes: (schaut ihm erstaunt und kopfschüttelnd nach)
Was hat er vor?
Franziskus: (kommt mit der Krippe zurück)
Hier, das ist mein Geheimnis. In dieser Futterkrippe lag das Kind!
Johannes:
Woher hast du sie?
Franziskus: (bescheiden)
Ich wollte nicht, daß mich jemand sah.
Johannes:
Du hast sie selbst gebaut? (Franz nickt)
Alleine? (Franz nickt)
Ohne jede Hilfe? (Franz nickt)
Ganz - so insgeheim? (Franz nickt)
Das darf doch nicht wahr sein!?
Franziskus:
Doch! Aber es ist nicht m e i n Geheimnis, sondern S e i n Geheimnis.
Johannes:
Ich ahne, wie du das meinst.

Franziskus:
Die Füchse haben ihre Höhlen, die Vögel des Himmels ihre Nester, der Sohn Gottes aber hat nichts, wohin er sein Haupt legen kann. Laßt uns ans Werk gehen! Es gibt noch viel zu erledigen.
(beide ab)

4. Szene

Bauern und Hirten

1. Bäuerin:
Habt ihr gehört, der Herr Johannes war da, der reiche Freund des Franziskus!?
1. Bauer: (brummig)
Und was wollte der?
1. Hirtin:
Ja, was wollte der? Erzähle!
Einige: (durcheinander)
Was wollte der? Was sagte er?
1. Bäuerin:
Stellt euch vor: Wir feiern dieses Jahr Weihnachten im Walde von Greccio!
2. Hirtin:
Was? Im Wald? Komische Idee!
Einige:
Merkwürdig! Verrückt!
1. Hirte: (brummt)
Was für ein Hirngespinst!
2. Bäuerin:
Weihnachten mitten in der Nacht?!
1. Bäuerin:
Ja, mitten in der Nacht wollen sie Weihnachten feiern, hat der Herr Johannes gesagt.
Einige: (schütteln sich, reiben sich die Hände)
2. Hirtin:
Puh, da friert mich jetzt schon!
1. Bauer: (brummt)
Jetzt feiern sie Weihnachten schon nachts im Wald, als ob wir keine Kirche hätten. (schüttelt den Kopf) Ts, ts, ts, ts!
1. Hirtin: (eifrig)
Aber ich finde die Idee gut! Freilich haben wir eine Kirche, eine schöne. Aber das Gotteskind ist nicht in einer Kirche zur Welt gekommen, sondern in einem Stall.
2. Bäuerin:
Richtig, die Kirchen sind prächtig und trotzen vor Reichtum, aber Gott ist arm zur Welt gekommen.
2. Bauer: (lacht)
Hör doch auf mit deiner Armut! Das ist doch schon lange her. Wer erinnert sich da noch, wie das damals war.
2. Hirtin: (schreit)
Für unsere Herren heute ist Gott ihr Reichtum und die Macht. Sie führen Kriege. Und - und - dann sagen sie: das geschieht in Gottes Namen.
2. Bäuerin:
Aber - aber: Das Jesuskind hat den Frieden gebracht. Friede sei mit dir, ist unser Gruß.
2. Bauer: (sarkastisch, lachend)
Ein schöner Gruß in dieser schlimmen Zeit. Dieser Franziskus ist und bleibt ein Narr!

1. Hirtin:
Hört her: Vielleicht hat es doch einen Sinn, was dieser Narr plant. Franziskus ist doch der Vater der Armen und predigt den Frieden.
2. Hirtin:
Stimmt! Könnte es deswegen nicht sein, daß uns Gott in dieser Nacht in seiner Armut näher ist?
1. Bauer:
Es ist wahr, was du sagst. Wir nennen Franziskus einen Mann Gottes, einen Heiligen. Er redet nicht nur schöne Worte, sondern er lebt das vor, was er sagt. Wir sollten hingehen und mitfeiern.
1. Bäuerin:
Richtig! Kommt, zieht euch warm an, nehmt die Kinder an der Hand! Wir feiern mit unserem Vater Franziskus.
Einige:
Richtig! So ist es!
(sie gehen nach verschiedenen Richtungen auseinander)

5. Szene

Die Feier

Schwach erleuchtete Bühne. Rechts und links einige schmucklose Fichtenbäumchen. Zuerst kommen einige Brüder und stellen sich mit Windlichtern als "Wegweiser" rechts und links je zwei auf.

1. Bruder: (schaut sich um)
Die Nacht ist sternenklar.
2. Bruder:
Es hat noch nie eine so sternenklare Nacht gegeben.
3. Bruder:
Das sind die Sterne seiner Ankunft.
4. Bruder:
Ja, heute weisen sie uns den Weg zum Jesuskind.
1. Bruder: (schaut nach links)
Jetzt kommen die ersten aus dem Tal.
3. Bruder: (schaut nach rechts)
O ja, von den Bergen kommen auch schon welche.

(Nun folgen Bauern und Bäuerinnen mit kleineren Kindern,
Hirten und Hirtinnen mit Kerzen und Fackeln, welche sich im
offenen Halbkreis auf der nur knapp erleuchteten Bühne
aufstellen. Leise Musik setzt ein.
Dann erscheint Franziskus mit Johannes, Bruder Leo,
Bruder Pietro und Bruder Masseo.
Jetzt wird vor den Zuschauern die Krippe
- aber ohne Jesuskind - aufgebaut.)

Franziskus: (tritt vor die wartende Menge)
Ich grüße euch im Namen Gottes, der einst in dieser Nacht als Mensch auf diese Erde herabgestiegen ist. Dieses Ereignis zu feiern, sind wir heute in die Höhle von Greccio hierhergekommen. Ist alles vorbereitet?
Einige: (aus der Menge)
Ja, Vater Franziskus!
Franziskus:
Gut, so laßt uns beginnen.
Bauer 1 und 2: (tragen eine aus Holz gefertigte Krippe herein und stellen sie stumm in der Mitte des Halbkreises auf)
Zwei Kinder: (bringen je ein Bündel Stroh herein - eins kommt von rechts, das andere kommt von links - und legen es stumm in die Krippe)

Zwei Kinder: (tragen je einen Arm voll Heu herein - eins kommt von rechts - das andere von links - und legen es rechts und links der Krippe für Ochs und Esel bereit)

Hirte: (führt nun den von zwei Kindern gespielten Ochsen herein. Er darf neben der leeren Krippe links im Heu Platz nehmen)

Hirtin: (führt nun den von zwei Kindern gespielten Esel herein, der rechts von der Krippe im Heu Platz nimmt)

(Bauern, Hirten und Brüder singen nun gemeinsam das Krippenlied)

Krippenlied:

Ihr Hirten, ihr Hirten, uns ist was geschehn!
Wir haben die Engel im Himmel gesehn.

War einer, der glänzte wie Sonnenlicht klar,
der stand auf den Wolken inmitten der Schar.

Die sangen von Freuden, von Frieden und Ehr,
und daß Gott bei den Menschen ein Kindelein wär.

Im Stall, in der Krippen, beim Esel und Rind,
daselbst man's gewickelt in Windeln befind't.

Ihr Hirten, ihr Hirten, nun habt ihr's geseh'n.
So geht und sagt's allen, was heute gescheh'n.

Worte: Rudolf Alexander Schröder
Weise: Richard Rudolf Klein
Aus: Laßt uns singen, Auer Nr. 163 b

Bruder Leo: (trägt das Weihnachtsevangelium vor)

Franziskus:

Viele Jahre war dieser Jesus von Bethlehem vergessen. Heute ist vor eueren Augen ein neues Bethlehem entstanden.
Ein armer König wurde geboren in einer kleinen Stadt. Wie reich bist du Bethlehem. Denn Gott ist als Mensch geboren in einem Futtertrog - zwischen Ochs und Esel. Gott ist heute bei uns - bei den Armen, bei den Hirten und Bauern. Uns und Euch gehört die Liebe Gottes.

Hirtenlied:

Mit den Hirten will ich gehen,
meinen Heiland zu besehen,
meinen lieben, heilgen Christ,
der für mich geboren ist.

Mit den Engeln will ich singen,
Gott zur Ehre soll es klingen
von dem Frieden, den er gibt
jedem Herzen, das ihn liebt.

Mit den Weisen will ich gehen,
was ich Höchstes hab im Leben,
geb zu seligem Gewinn
ihm das Leben wieder hin.

Mit Maria will ich sinnen
ganz verschwiegen und tief innen
über dem Geheimnis zart:
Gott im Fleisch geoffenbart.

Mit dir selber, mein Befreier,
will ich halten Weihnachtsfeier;
komm, ach komm ins Herz hinein,
laß es deine Krippe sein.

Worte: Emil Quandt 1880
Weise: Aug. Rische 1896
Aus: Laßt uns singen Nr. 213, Auer 1985

(Die Darsteller - Volk, Brüder, Bauern und Hirten - verlassen singend die Bühne. Die zwei Erzähler bleiben rechts und links stehen und berichten.)

Nachwort:

Erzähler 1:
Die Menschen kehren voller Freude nach Hause zurück.

Erzähler 2:
In vielen Herzen war Jesus vergessen. Durch den heiligen Franz ist es aufgewacht und lebt nun in den Menschen.

Erzähler 1:
Das Heu in der Krippe wurde aufbewahrt. Es sollte Pferde und andere Tiere heilen.

Erzähler 2:
Viele Tiere, die an verschiedenen Krankheiten litten, fraßen von dem Heu und wurden geheilt.

Erzähler 1:
Viele kranke Menschen pilgerten nach Greccio und wurden geheilt.

Erzähler 2:
Über der Krippe wurde ein Altar gebaut und darüber eine Kirche.

Franz Xaver Riedl

Sternsinger sind Sternbringer

Personen:

Peter, Kaspar
Andi, Melchior
Karin, Balthasar
Benni, Sternträger
Mann 1
Frau 1
Sprecher
Vietnamesen (oder andere)
Frau, Mann, 2-3 Kinder

Requisiten:

Sammelbüchse
drehbarer Stern
Sack mit Orangen, Äpfel
Rauchfaß
Kreide

Der Spielverlauf:

1. Szene

Peter, Andi und der Sternträger Benni warten, sichtlich ungeduldig in der Mitte der Bühne auf den dritten König.

Peter: (ungeduldig)
Wo bleibt denn bloß der Markus?
Andi: (schaut auf die Uhr)
Jetzt warten wir schon bald eine halbe Stunde.
Benni:
Der kann uns doch nicht im Stich lassen.
Andi:
Vielleicht sollten wir einmal anrufen? Vielleicht hat er es vergessen.
Peter:
Nein, das glaube ich nicht. Markus ist mit Leib und Seele Sternsinger.
Benni: (schaut sich um)
Seht, da kommt er doch. Endlich!
Karin: (kommt näher)
Peter: (verblüfft)
Aber ... aber ... das ist er ja gar nicht.
Andi: (verblüfft)
... das ist ... das ist ... ja ...
Benni:
... seine Schwester Karin.
Karin:
Hallo, Freunde!
Peter:
Was willst denn du hier?
Andi:
Bist du verrückt? Ein Mädchen kann doch nicht Sternsinger sein!
Benni/Peter:
Genau!
Karin:
Ach ne?! Und warum darf ich nicht Sternsinger sein?
Andi: (verlegen)
... weil ...
Peter: (verlegen)
... weil ...
Benni: (verlegen)
... weil ...
Karin:
... ich ein Mädchen bin.
Peter:
Nnnnein, nein, nein, weil doch der Markus, dein Bruder ...

Karin:
... mit Fieber im Bett liegt. Und deshalb bleibt euch nämlich gar nichts anderes übrig als mich zu nehmen. Oder habt ihr einen Ersatzmann, so im Handumdrehen?
Andi/Benni: (kleinlaut)
Nnnnnnnein.
Peter: (gnädig)
Na gut! Dann ist das etwas anderes.
Benni: (lacht)
Hahaha, dann haben wir heute eine Mohrin!
Andi:
Halt! Kannst du auch unser neues Sternsingerlied?
Karin: (triumphierend)
Pah, und wie! Das habe ich doch mit Markus einstudiert!
Peter:
Also gut! Aber laß dich zuerst einmal anschauen, ob alles in Ordnung ist.
Karin/Mohr: (dreht sich nach allen Seiten, Gewand, Turban werden von allen begutachtet)
Peter: (fachmännisch)
Gut! Einverstanden. Dann versuchen wir's eben in Gottesnamen. Auf geht's!

2. Szene

Benni: (dreht seinen Stern)
Peter:
Fangen wir doch gleich dort bei dem ersten Haus an.

(Die vier Sternsinger gehen nach rechts zum ersten Haus, das durch eine einfache Tür angedeutet werden kann.)

Benni: (läutet)
Frau 1: (öffnet)
Ach, die Sternsinger sind da. Wartet einen Augenblick. Ich rufe meinen Mann, der möchte auch zuhören. (ruft nach hinten) Alex, kommst du? Die Sternsinger sind da.
Alle vier: (sagen ihren Spruch)
Erfüll mit deinen Gaben,
Herr Jesus, dieses Haus!
Tod, Krankheit, Seelenschaden,
Brand, Unglück treib hinaus!

Laß hier den Frieden grünen,
verbanne Zank und Streit,
daß wir dir fröhlich dienen
jetzt und in Ewigkeit.
Mann 1: (kommt sofort)
Ach, das ist schön, daß ihr da seid.

(Alle vier beginnen ihr Lied zu singen)

Lied

Peter/Kaspar: (malt mit Kreide C + M + B auf die Tür)
Frau:
Aha, das sind die drei heiligen Könige: Kaspar, Melchior und Balthasar.
Karin:
Nein, das sind die Anfangsbuchstaben von dem lateinischen Segenswunsch "Christus mansionem benedicat."
Mann 1: (staunt)
Und was heißt das zu deutsch? Weißt du das auch?
Karin:
Na klar. Christus segne dieses Haus.

Frau 1:
Schön! Das hat uns aber noch keiner gesagt.

Mann 1:
Na, gebt mal euere Goldbüchse her, damit ich auch ein schönes Scheinchen hineinlegen kann.

Frau 1:
Und das ist für euch, zur Stärkung. (hält ihnen einige Orangen und eine Tüte mit Weihnachtsgebäck hin) Wo habt ihr eueren Sack?

Alle vier: (freudig)
Dankeschön! Vergelts Gott. (gehen weiter)

Andi: (zu Karin)
Mensch, Karin, du hast ja ganz toll gesungen.

Benni:
Wirklich, Karin. Du bist Spitze!

Peter:
Und was die drei Buchstaben bedeuten, hat uns auch noch keiner gefragt.

Benni:
Also ich hätte das nicht so toll erklären können.

Karin: (wehrt bescheiden ab)
Ach ja, laßt es gut sein. Kommt, wir machen weiter.
(marschieren ein Stück weiter)

Benni:
Ooch, bin ich hundemüde!

Andi: (wiegt die Büchse in seinen Händen)
Die Goldbüchse ist schon ganz schön voll!
(marschieren wieder ein Stück weiter)

3. Szene

Peter:
So, jetzt glaube ich reichts für heute.

Karin:
Nein! Es reicht noch nicht. Wir waren noch nicht in der alten Schule.

Andi:
Was? Du bist wohl übergeschnappt. Da wohnen doch bloß Asoziale drin und so komische Ausländer. Ne du, da bringst du mich nicht hin.

Benni:
Und mich auch nicht. Zu diesen Chinesen da. Die wissen doch gar nicht, was Sternsinger sind.

Karin:
Das sind keine Chinesen. Redet doch nicht, wenn ihr nichts wißt.

Peter:
Was dann?

Karin:
Das sind Vietnamesen. Und das sind keine Asozialen, sondern Asylanten.

Andi:
Was für Tanten?

Karin:
Mensch, ihr seid aber auch ganz schön bescheuert.

Benni:
Dann erkläre eben, was das für komische Tanten sind.

Karin:
Das sind Leute, die zu uns hierher geflüchtet sind, weil sie in ihrer Heimat wegen der Politik verfolgt werden.

Andi: (erstaunt)
Dann ... dann ... sind das ja Flüchtlinge und ganz ...

Peter: (fällt ins Wort)
... arme Leute. Los, denen singen wir unser Lied vor und dann gehen wir wieder.

Benni:
Genau! Machen wir ihnen die FREUDE!
Peter: (läutet)

(Die Türe wird vorsichtig einen Spalt geöffnet. Dann wieder zugeknallt.)

Benni: (schadenfroh)
Siehst du. Die wollen uns doch gar nicht. Gehn wir wieder.

(Plötzlich wird die Türe geöffnet und ein Vietnamese steht in der Türe, lächelt, wartet.)

Karin:
Wir sind Sternsinger. Wir sind die heiligen drei Könige ...
Peter:
Los, wir singen unser Lied und dann verschwinden wir wieder.

(Sie singen das Sternsingerlied.)

Vietnamese: (während des Liedes erscheinen hinter dem Mann eine Frau und einige Kinder. Nach dem Lied verbeugt sich der Vater)
Vietnamesin: (kommt näher, dann leise mit gefalteten Händen)
Singen!
Sternsinger: (schauen sich an)
Benni:
Los! Dann eben nochmal!

(Nach dem Lied hält Karin sichtlich verlegen der Frau die Dose hin mit der Absicht, die Frau möchte doch etwas Geld hineinlegen.)

Vietnamesin: (stutzt zuerst, dann lächelt sie und nimmt die Dose an, verneigt sich dankend vor den Kindern)
Sternsinger: (schauen erschrocken drein)
Karin: (nimmt dem Peter den Beutel mit Süßigkeiten ab und gibt sie den Kindern. Dann verneigt sie sich vor den Leuten)
Sternsinger: (verneigen sich ebenfalls verlegen und treten nach vorne in Bühnenmitte)
Andi:
Und was machen wir jetzt?
Karin:
Nichts!
Peter: (ärgerlich)
Die Geldkatze ist futsch! Dich nehmen wir auf jeden Fall nie mehr mit! Du hast uns die Suppe eingebrockt.
Benni:
Also, du Supergescheite, was machen wir jetzt?
Karin:
Was sollen wir denn n o c h machen? Wir haben doch a l l e s getan!
Andi:
Was alles?
Karin:
Ihr seid vielleicht Sternsinger, aber keine Sternbringer.
Benni:
Aber, wir haben doch den Stern dabeigehabt.
Karin:
So meine ich das nicht!
Peter:
Ah, jetzt verstehe ich langsam. Du meinst, wir haben den Vietnamesen ...
Andi:
... nicht bloß vom Christkind etwas vorgesungen ...
Benni:
... sondern auch ein Christkindl gebracht.
Karin:
Mensch, Benni, du bist der beste Sternträger.
Sternsinger: (singen zum Abschluß noch ein passendes Lied)

2. Die heiligen drei König mit ihrigem Stern,
sie bringen dem Kindlein das Opfer so gern.
Sie reisen in schneller Eil,
in dreizehn Tag vierhundert Meil.

3. Die heiligen drei König mit ihrigem Stern,
knien nieder und ehren das Kindlein, den Herrn.
ein' selige, fröhliche Zeit,
verleih uns Gott im Himmelreich.

Dieses Sterndreherlied kommt aus Oberammergau

Weihnachtsgedicht der Lehrer

Alfons Schweiggert

1. Die Weihnachtsfeier ist zu Ende.
Wir hoffen, daß sie allen
mit Spiel, Musik und viel Gesang
ein wenig hat gefallen.

2. Bald ist zu Ende auch das Jahr.
Die Ferienzeit beginnt.
Schlaft, eßt und trinkt,
damit ihr Kraft für's neue Jahr gewinnt!

3. Verlebt ein frohes Weihnachtsfest
mit wunderschönen Tagen!
Verderbt mit allzu vielen Plätzchen
euch bitte nicht den Magen!

4. Und zündet keinen Christbaum an!
Seid brav, vergeßt zu raufen!
Bedenkt, die Eltern wollen auch
mal zwischendurch verschnaufen!

5. Und an Silvester gebt schön acht,
wenn alles explodiert
um Mitternacht, daß wenn es kracht
euch dabei nichts passiert.

6. Wir wünschen eine schöne Zeit,
in der sich etwas rührt,
doch trinkt nicht zuviel Sekt und Wein,
weil euch sonst übel wird.

7. Und schaut auch nicht den ganzen Tag
nur Fernsehfilme an!
Geht an die frische Luft hinaus,
bewegt euch, strengt euch an!

8. Ein frohes Fest, ein gutes Jahr
Gesundheit und viel Glück,
und, Kinder, kommt im neuen Jahr
zu uns erholt zurück!

9. Wir Lehrer halten jetzt den Mund.
Ihr dürft nach Hause gehn.
Zum Abschied rufen wir euch zu:
Bis bald! Auf Wiedersehn!

Inhaltsübersicht:

I. Der Witz im Grundschulalter
Spielanlässe

II. Witze lesen
1. In der Schule
2. In der Familie
3. Zum Geburtstag
4. Beim Einkaufen

III. Witze erzählen
1. Der Aufbau eines Witzes
2. Erzählaufgaben

IV. Witze spielen
1. Vorüberlegungen
2. Probenarbeit
3. Beispiele
Humorlos · Nacharbeit · Leseratte · Spaß in der Schule · Am ersten Schultag · Diese Fragerei · Sprachgenie · Berufswünsche · Die sechs Maulhelden · An der Tankstelle · Vatis neues Auto · Es schmeckt! · Manieren · Schlechte Manieren · Mutter und Tochter · Am Strand · Im Garten · Vor dem Fernseher · Fernsehgespräche · Tante Ernestine · Kindergeburtstag · Gerecht geteilt! · Hundestress · Kluge Hunde · Hundekunststücke · In der Tierhandlung · Ferien auf dem Bauernhof · Im Zoo · Wegbeschreibung

V. Der Blackout
1. Der Blackout, die kürzeste Theaterform
2. Beispiele
Mutter und Sohn · Vater und Sohn · Onkel Erich zu Besuch · Tante Frieda · Oma, Opa und Enkelkinder · Zwei Freunde · Zwei Freundinnen · Deutschstunden · Zeugnistag · Anglerlatein · Bargespräche im Wilden Westen

VI. Der Sketch
1. Begriff/Pointe/Themen/Typen/Bühne/Kostüme
2. Kleine Schauspielschule
3. Probenarbeit
4. Beispiele
Küchengespräche · Die Briefträger · Wir kochen · Beim Einkaufen · Im Kaufhaus · Berufswünsche · Tischmanieren · Weihnachtsplätzchen · Falsche Namen · Die Anzeige · Vater und die Zeitung · Vater-Mutter-Kind-Spiel · Anprobe · Heiterer Religionsunterricht · Herr Meyer hat Geburtstag

„Der verlorenste Tag
aller Tage ist der,
an dem man nicht gelacht hat."
Chamfort (1741-94)

Handbuch - Sketche 1.-4.
Nr. 164 *130* **Seiten DM 21,80**

Inhaltsübersicht:

Theaterstücke für die 1. Klasse
Kasperl und Seppel in der Schule (Rahmenhandlung)
von Jutta Schulz von Borkowski

Die Hexe will in die Schule gehen (Rahmenhandlung)
von Renate Paul

Schattenspiel zu: Im Walde von Toulouse
Gestaltung und Vorlage der Schattenfiguren
von Jutta Schulz von Borkowski

Theaterstücke für die 2. Klasse

Unfug im Park
von Jutta Schulz von Borkowski

Schattenspiel: Der Tausendfüßler Nimmersatt
von Jutta Schulz von Borkowski

König Drosselbar
bearbeitet von Jutta Schulz von Borkowski

Theaterstücke für die 3. Klasse

Schneewittchen
bearbeitet von Renate Paul

Der Rattenfänger von Hameln
bearbeitet von Jutta Schulz von Borkowski

Zauberspuk im Wald
von Jutta Schulz von Borkowski

Theaterstücke für die 4. Klasse

Till Eulenspiegel
bearbeitet von Jutta Schulz von Borkowski

Des Kaisers neue Kleider
bearbeitet von Renate Paul

Familie Krösus im Dreck (Umweltgeschichte)
von Jutta Schulz von Borkowski

Die ganze Klasse spielt Theater
Nr. 161 *135* **Seiten DM 31,80**

Inhaltsübersicht:

Einleitung
Credo (Creativ-Kunst)
Humorakel
Überblick zum Unterrichtsbeginn
Das fängt ja gut an (Witze)
Rätsel-Comics
Ausdruckraten
Sportartenraten
„Die Entführung"
Märchenraten
Aufgepaßt!
Grimassenspiel
Bezaubernder Anfang
Schildkrötenhäuser
Tangram mit Ei
Aufgelesen
Atmosphäre mit Humor
Begrüßung nach Heinz Erhardt
Witze zum Anfang
Spaßspiele
Das Zeitherz (nach „Momo" von Michael Ende)
Herzliche Sprüche
Wal-zertänzer
DINO-Tanz
Klasse als Team
Umarmen
Vollwertfrühstück
Anfangsbilderausstellung
Einstieg in die Natur
Baum und Wald
Manipulierte Tänzer
Momo-Spiel
Die schwächste Maus
Kreative Blätter
Ein Lächeln
Entscheidungssache
Gedankenblitze
Anfangen und Loslassen
Wendespiele
Sehr ORDEN-tlich
Ei, Ei, Ei
Roboterspiel
Reise nach Jerusalem
Wie geht's?
Schminkmeditation
Lauter Flaschen
Ich bin dein Wetter
Abenteuer in Napoli
Staub aufwirbeln
Blinden-Kim
Schlangenlegen
„Club der roten G'sichter'
Vielfältiger Anfang

Kreativer Unterrichtsbeginn
Nr. 785 *64* **Seiten DM 22,80**

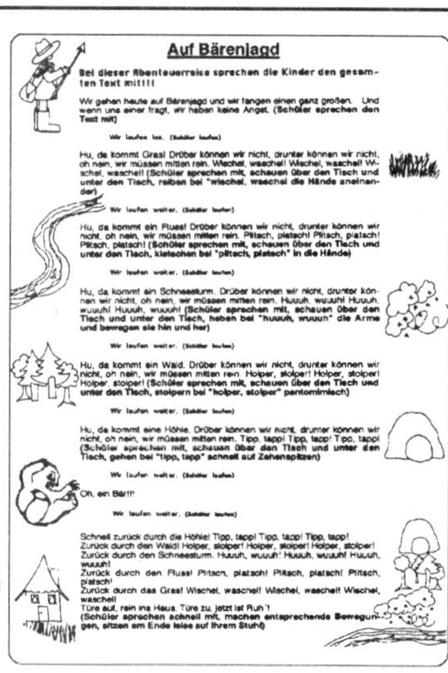

Inhaltsübersicht:

Auf Bärenjagd

Im Zoo

Triathlon

Immer dieser Michl

Unser Klassenzimmer als Fittnessstudio

Kasperles Tagesablauf

Ein Igel auf Herbstspaziergang

Wir tauchen in die Unterwasserwelt

Mit Pipi auf Abenteuer

Abenteuerreisen Bd.II
Nr. 799 9 Farbfolien **DM 39,80**
mit Textbegleitung